おとな旅プレミアム
PREMIUM

奈良
大和路

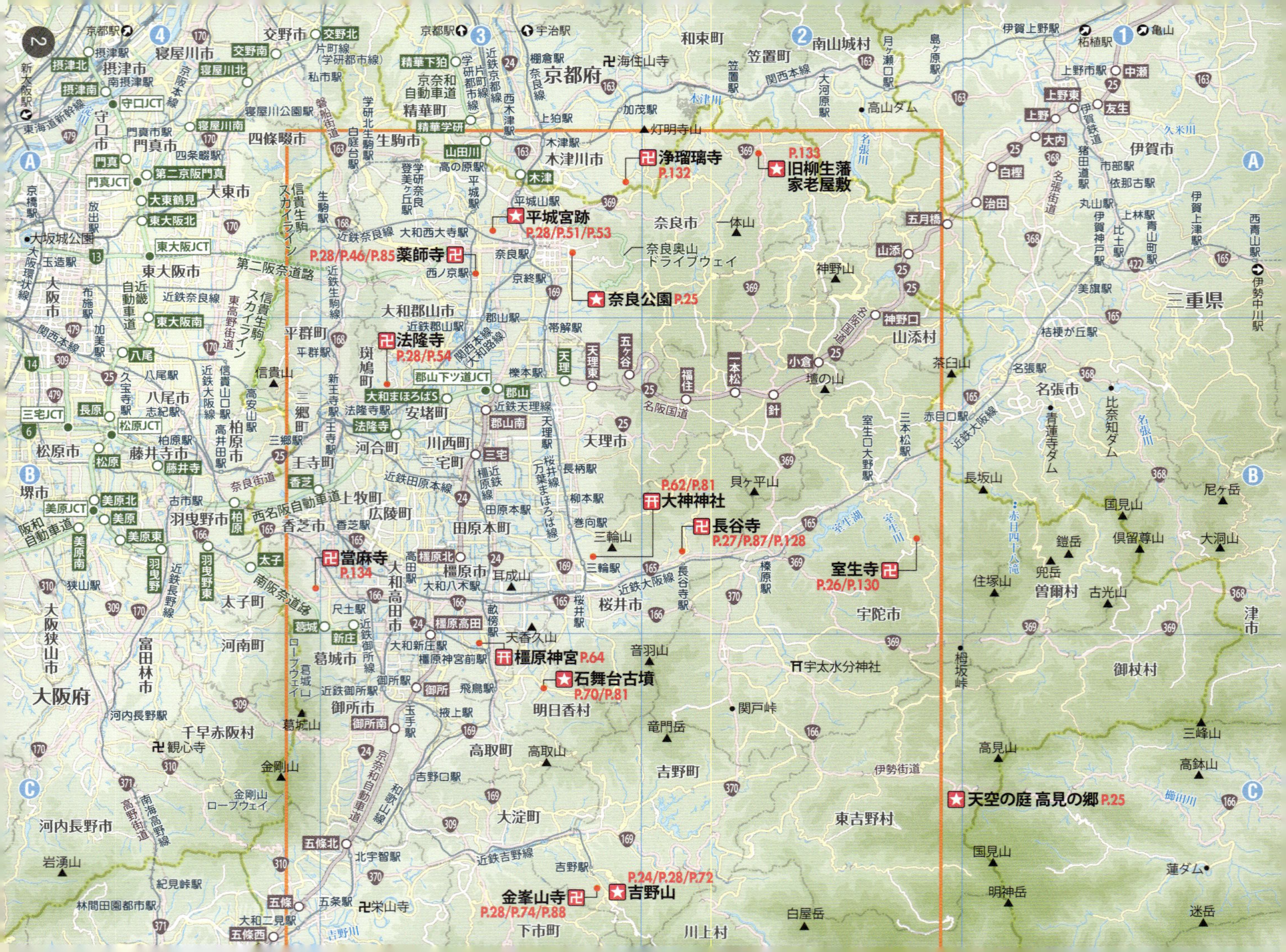
京都府
奈良市
三重県
大阪府
伊賀市
名張市
宇陀市
桜井市
天理市
大和郡山市
橿原市
吉野町
東吉野村
御杖村
曽爾村
山添村
明日香村
高取町
大淀町
下市町
川上村
木津川市
精華町
和束町
笠置町
南山城村
生駒市
四條畷市
大東市
東大阪市
大阪市
八尾市
藤井寺市
羽曳野市
松原市
堺市
富田林市
河内長野市
千早赤阪村
河南町
太子町
葛城市
御所市
香芝市
上牧町
広陵町
田原本町
川西町
三宅町
安堵町
斑鳩町
平群町
三郷町
王寺町
河合町
大和高田市
交野市
寝屋川市
門真市
守口市
摂津市
大阪狭山市
五條市
卍浄瑠璃寺 P.132
★旧柳生藩家老屋敷 P.133
★平城宮跡 P.28/P.51/P.53
P.28/P.46/P.85 薬師寺卍
★奈良公園 P.25
卍法隆寺 P.28/P.54
P.62/P.81 大神神社
卍長谷寺 P.27/P.87/P.128
室生寺卍 P.26/P.130
卍當麻寺 P.134
橿原神宮 P.64
★石舞台古墳 P.70/P.81
★天空の庭 高見の郷 P.25
金峯山寺卍 P.28/P.74/P.88
★吉野山 P.24/P.28/P.72
奈良奥山ドライブウェイ
信貴生駒スカイライン
第二阪奈道路
西名阪自動車道
名阪国道
京奈和自動車道
南阪奈道路
近鉄大阪線
近鉄奈良線
関西本線
一休山
神野山
茶臼山
三輪山
耳成山
天香久山
音羽山
竜門岳
高取山
金剛山
葛城山
信貴山
貝ヶ平山
長坂山
住塚山
国見山
倶留尊山
大洞山
尼ヶ岳
三峰山
高見山
高鉢山
明神岳
白屋岳
迷岳
岩湧山
高山ダム
比奈知ダム
青蓮寺ダム
宇太水分神社
卍海住山寺
卍観心寺
卍栄山寺

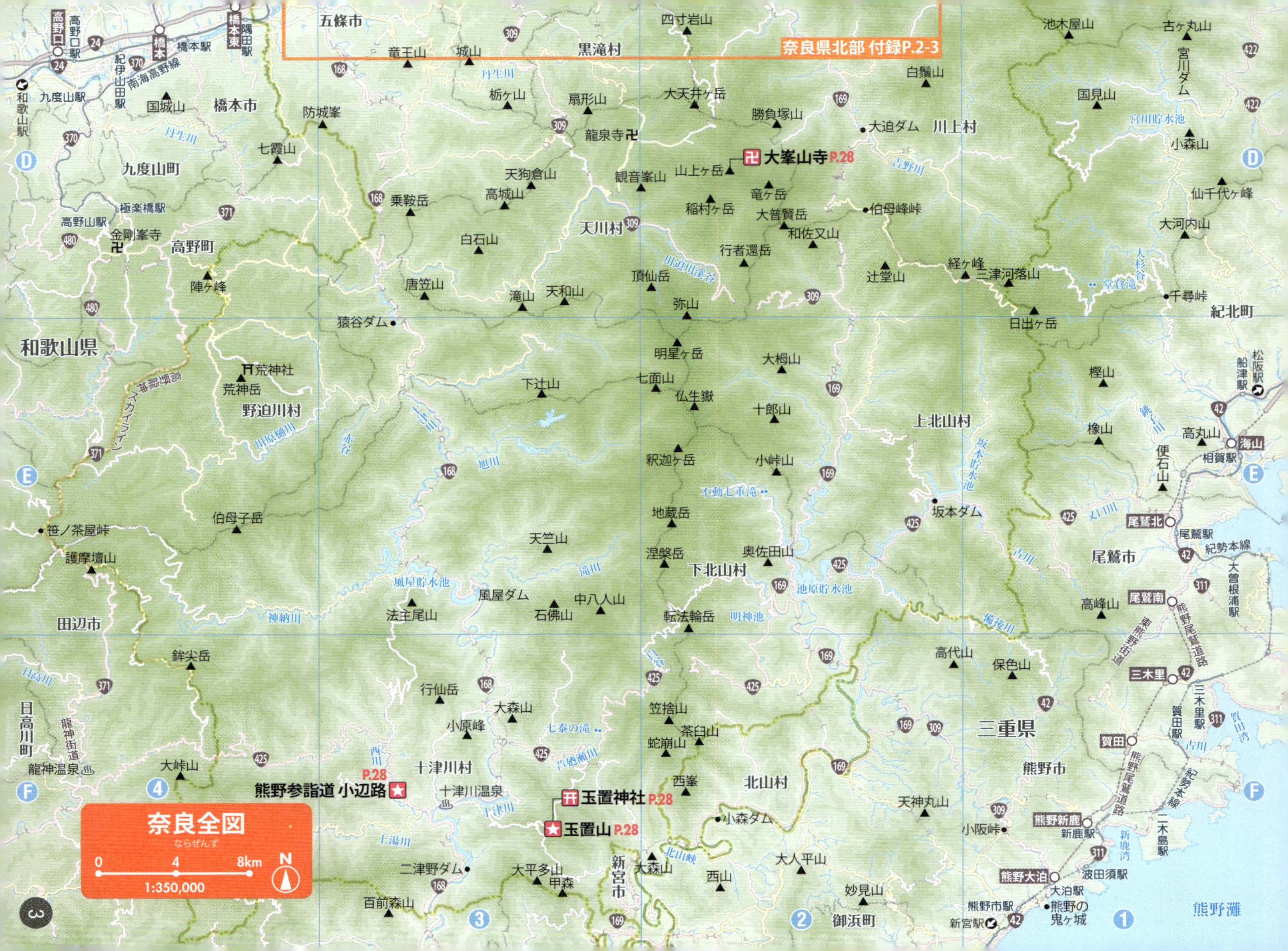

奈良全図
ならぜんず
0 4 8km
N
1:350,000
奈良県北部 付録P.2-3
五條市
竜王山
城山
黒滝村
四寸岩山
大天井ヶ岳
扇形山
栃ヶ山
龍泉寺
勝負塚山
大峯山寺 P.28
山上ヶ岳
竜ヶ岳
稲村ヶ岳
大普賢岳
和佐又山
伯母峰峠
行者還岳
大迫ダム
川上村
白鬚山
池木屋山
古ヶ丸山
宮川ダム
国見山
小森山
仙千代ヶ峰
大河内山
千尋峠
紀北町
経ヶ峰
三津河落山
日出ヶ岳
辻堂山
橋本市
橋本駅
橋本
国城山
九度山町
九度山駅
和歌山駅
紀伊山田駅
南海高野線
高野口駅
高野口
隅田駅
橋本東
極楽橋駅
高野山駅
金剛峯寺
高野町
陣ヶ峰
防城峯
七霞山
乗鞍岳
天狗倉山
高城山
観音峯山
天川村
白石山
唐笠山
滝山
天和山
頂仙岳
弥山
猿谷ダム
和歌山県
荒神社
荒神岳
野迫川村
高野龍神スカイライン
笹ノ茶屋峠
護摩壇山
伯母子岳
田辺市
鉾尖岳
日高川町
龍神街道
龍神温泉
大峠山
下辻山
明星ヶ岳
七面山
仏生嶽
釈迦ヶ岳
地蔵岳
涅槃岳
天竺山
風屋貯水池
風屋ダム
中八人山
石仏山
法主尾山
転法輪岳
下北山村
奥佐田山
池原貯水池
大楊山
十郎山
小峠山
不動七重滝
上北山村
坂本貯水池
坂本ダム
行仙岳
大森山
小原峰
七泰の滝
笠捨山
茶臼山
蛇崩山
西峯
十津川村
十津川温泉
熊野参詣道 小辺路 P.28
玉置神社 P.28
玉置山 P.28
北山村
小森ダム
二津野ダム
大平多山
甲森
新宮市
大森山
西山
大人平山
百前森山
妙見山
御浜町
三重県
高代山
保色山
熊野市
天神丸山
小阪峠
熊野新鹿
新鹿駅
熊野大泊
大泊駅
熊野市駅
熊野の鬼ヶ城
新宮駅
波田須駅
二木島駅
賀田
賀田駅
三木里駅
三木里
尾鷲南
尾鷲市
高峰山
尾鷲北
尾鷲駅
紀勢本線
大曽根浦駅
熊野尾鷲道路
東紀州道路
高丸山
海山
相賀駅
便石山
松阪
船津駅
樫山
橡山
熊野灘

あなただけの
プレミアムな
おとな旅へ！
ようこそ！

SIGHTSEEING

【東大寺】➡P.30

人々を迎える堂々たる南大門。両脇の仁王像も必見

初瀬山中腹の断崖に建つ長谷寺。朱色の五重塔が生い茂る緑に映える

NARA YAMATOJI

奈良 大和路への旅

理想郷まほろばは夢の中 古代劇場の幻を視る旅

「倭(やまと)は国のまほろば」と8世紀初頭、『古事記』に謳われた。まほろばとは美しい所を表すという美しい古語だ。正確な現代語はない。古代都市は言葉とともに1000年以上の時空を超えた。「たたなづく青垣山隠れる(やまごもれる)(重なる山々に垣根のように囲まれ)」山々とは三輪山や大和三山だ。山影はそのままだが、平城京はあまりに遠い。それでも奈良の旅はいい。仏像の前や境内に立ち、過ぎた時をたどるうち、やがて自分と向きあう旅になる。

美しい山々に抱かれた地で
歴史の物語に思いを馳せる

SIGHTSEEING

日本最古の神社のひとつ。ご神体は、大物主大神が祀られる三輪山

【大神神社】➡P.62

SIGHTSEEING

世に名高い吉野の桜に彩られる修験道の本山

【金峯山寺】➡P.74

太古からの祈りの形に出会う

ハルシャギクや
キキョウが咲く
初夏の元興寺の
石仏群

SHOPPING

ものづくりの伝統が息づき、上質な工芸品が手に入る

【寧屋工房】➡P.123

田園風景を抜け
はるか古代の遺跡
石舞台古墳へ

GOURMET

奈良で欠かせない食べ物は柿の葉ずし

【醍予】➡P.73

GARDEN

若草山や東大寺を借景とする名園

【依水園】➡P.90

若草山で草を食む鹿たち

古都の風情のなか
鹿たちが遊ぶ

おとな旅 プレミアム PREMIUM 奈良 大和路

CONTENTS

美と出会う

泊まる

食べる

奈良ごはん

甘味&カフェ

付録地図

買う

郊外へ行く

本書のご利用にあたって

● 本書中のデータは2023年8～9月現在のものです。料金、営業時間、休業日、メニューや商品の内容などが、諸事情により変更される場合がありますので、事前にご確認ください。

● 本書に紹介したショップ、レストランなどとの個人的なトラブルに関しましては、当社では一切の責任を負いかねますので、あらかじめご了承ください。

● 営業時間、開館時間は実際に利用できる時間を示しています。ラストオーダー(LO)や最終入館の時間が決められている場合は別途表示してあります。

● 休業日に関しては、基本的に定休日のみを記載しており、特に記載のない場合でも年末年始、ゴールデンウィーク、夏季、旧盆、保安点検日などに休業することがあります。

● 料金は消費税込みの料金を示していますが、変更する場合がありますのでご注意ください。また、入館料などについて特記のない場合は大人料金を示しています。

● レストランの予算は利用の際の目安の料金としてご利用ください。Bが朝食、Lがランチ、Dがディナーを示しています。

● 宿泊料金に関しては、「1泊2食付」「1泊朝食付」「素泊まり」は特記のない場合1室2名で宿泊したときの1名分の料金です。曜日や季節によって異なることがありますので、ご注意ください。

● 交通表記における所要時間、最寄り駅からの所要時間は目安としてご利用ください。

● 駐車場は当該施設の専用駐車場の有無を表示しています。

● 掲載写真は取材時のもので、料理、商品などのなかにはすでに取り扱っていない場合があります。

● 予約については「要予約」(必ず予約が必要)、「望ましい」(予約をしたほうがよい)、「可」(予約ができる)、「不可」(予約ができない)と表記していますが、曜日や時間帯によって異なる場合がありますので直接ご確認ください。

● 掲載している資料および史料は、許可なく複製することを禁じます。

データの見方

- ☎ 電話番号
- 所 所在地
- 開 開館／開園／開門時間
- 営 営業時間
- 休 定休日
- 料 料金
- 交 アクセス
- P 駐車場
- in チェックインの時間
- out チェックアウトの時間
- 室 宿泊施設の客室数
- URL Webサイトアドレス

地図のマーク

- ★ 観光・見どころ
- 卍 寺院
- ⛩ 神社
- ✝ 教会
- R 飲食店
- C カフェ・甘味処
- S ショップ
- SC ショッピングセンター
- H 宿泊施設
- i 観光案内所
- ♨ 温泉
- バス停

旅のきほん 1

エリアと観光のポイント

奈良はこんなところです

南北に細長い盆地に観光エリアが点在。古都の風情とともに、風光明媚な自然も楽しむ。

代表的名所が集まる、奈良観光の中心となるエリア

奈良公園・ならまち ➡P.30

ならこうえん・ならまち

鹿がのびのびと過ごす奈良公園に、東大寺、興福寺、春日大社の壮大な境内が広がる。近鉄奈良駅の南側は県内随一の繁華街。ならまちには古民家が軒を連ねる。

⬆じっくりと時間をとって巡りたい大型のスポットが多い

観光のポイント すがすがしい午前中にお寺や神社をまわるのがおすすめ。午後は繁華街やならまちで街歩きを楽しみたい

飛鳥時代の文化にふれられる

斑鳩・大和郡山 ➡P.54・58

いかるが・やまとこおりやま

世界最古の木造建築・法隆寺を目当てに多くの観光客が訪れる。周辺の田園風景も美しい。奈良市街と斑鳩の間にある大和郡山は近世の城下町で、金魚の養殖でも有名。

⬆史跡郡山城跡。約800本もの桜が咲く名所としても知られる

観光のポイント 斑鳩、大和郡山ともにバスでも行けるが、電車なら移動時間が短縮できる

2つの大寺院と広大な平城宮の遺跡が見どころ

西ノ京・佐保路・佐紀路 ➡P.46

にしのきょう・さほじ・さきじ

薬師寺、唐招提寺の二大寺院が西ノ京の中心。都の遺構である平城宮跡を中心とする佐保路・佐紀路エリアには、小規模ながらも名刹が多く散策におすすめ。

⬆貴重な文化財のほか、遺構から出土した考古資料にも出会える

観光のポイント エリアが広いので、西ノ京と佐保路・佐紀路で分けて歩きたい。近鉄・新大宮駅周辺には美食の名店が多い

緑豊かな古代の道を歩き、神秘の社へ

山の辺の道 ➡P.60

やまのべのみち

奈良盆地の東端の山麓を南北に貫く古道で、大神神社、石上神宮など、日本有数の由緒ある古社が点在。全行程を踏破するなら、一日がかりの長距離になる。

⬆日本古来の信仰形態を今に伝える大神神社

観光のポイント 電車やバスを組み合わせたり、ポイントを絞って訪れるとよい

神話と古代ロマンに彩られた地

橿原・今井町 ➡P.64・66

かしはら・いまいちょう

神武天皇を祀る橿原神宮や、日本最初の本格的宮城である藤原京の遺構が見どころ。今井町は近世の面影を残す重要伝統的建造物群保存地区。

⬆町家や蔵が密集する今井町

観光のポイント 交通の要所で、大阪や名古屋からも直接アクセス可能

美しい遺跡の里をサイクリングで

飛鳥 ➡P.68

あすか

古代の天皇が宮を置いた地で、村のあちこちに古墳や遺跡が点在しており、日本最古の仏像も。秋にはヒガンバナと棚田のコントラストが見事。

⬆日本の原風景ともいえる景色

観光のポイント レンタサイクルが定番。駅前や村内で借りられる

日本一と称される桜を見に

吉野 ➡P.72

よしの

古代から日本人に愛され続けてきた桜の名所。春には一面を埋める山桜のパノラマが楽しめる。修験道の総本山である金峯山寺も見応え十分。

⬆花見へは暖かい服装で出かけたい

観光のポイント 中心部からは2時間ほどかかる。じっくり楽しむなら宿泊も検討

西ノ京・佐保路・佐紀路
奈良公園・ならまち
斑鳩・大和郡山
山の辺の道
橿原・今井町
飛鳥
吉野
當麻
初瀬
室生
柳生
当尾
京都府
奈良県
相楽郡
精華町
精華学研
山田川
木津駅
加茂駅
木津川市
浄瑠璃寺
旧柳生藩家老屋敷
円成寺
松伯美術館
学研奈良登美ヶ丘駅
高の原駅
生駒市
大和西大寺駅
平城宮跡
奈良駅
近鉄奈良駅
奈良公園
奈良市
奈良奥山ドライブウェイ
高円山
西ノ京駅
薬師寺
郡山城跡
近鉄郡山駅
郡山駅
大和郡山市
慈光院
平群駅
平群町
斑鳩町
法隆寺
法隆寺駅
三郷町
安堵町
王寺駅
王寺町
郡山下ツ道JCT
天理駅
天理市
石上神宮
高峰山
名阪国道
川西町
三宅町
近鉄天理線
桜井線（万葉まほろば線）
河合町
上牧町
香芝市
広陵町
田原本町
田原本駅
近鉄田原本線
貝ヶ平山
桜井市
近鉄大阪線
室生湖
室生口大野駅
室生寺
榛原駅
三輪山
長谷寺
大神神社
三輪駅
長谷寺駅
白山神社
宇陀市
當麻寺駅
當麻寺
橿原市
耳成山
大和八木駅
近鉄大阪線
桜井駅
安倍文殊院
聖林寺
天香久山
橿原神宮
橿原神宮前駅
大和高田市
葛城市
飛鳥寺
石舞台古墳
飛鳥駅
音羽山
熊ヶ岳
談山神社
御所駅
葛城山ロープウェイ
壺阪山駅
明日香村
竜門岳
高取町
高取山
壺阪寺
御所市
吉野口駅
大淀町
吉野町
近鉄吉野線
吉野川
吉野駅
金峯山寺
吉野山
下市町
東熊野街道
伊勢街道
川上村

ひと足延ばして

剣に生きた一族の本拠
柳生 やぎゅう

➡P.133

江戸幕府の兵法指南役を務めた柳生一族が治めた地。農村風景のなか遺構が残る。

素朴な石仏群が人々を見守る
当尾 とうの

➡P.132

僧侶が隠棲先として居を構えた地で、野に彫られた多くの石仏が残っている。

ひと足延ばして

神山に抱かれる「女人高野」
室生 むろう

➡P.130

室生寺は女人禁制の高野山と対比して女性を受け入れた。多くの仏教美術が残る。

山深くに「花の御寺」が座する
初瀬 はせ

➡P.127

長谷寺は源氏物語にも登場する名刹。桜やアジサイなど四季折々の花が咲く。

ひと足のばして

能や小説となった姫の物語
當麻 たいま

➡P.134

さまざまな作品の題材となった中将姫伝説の舞台となった地。當麻曼荼羅が名高い。

旅のきほん 2

エリア内はバス、エリア間は鉄道を利用

奈良県内を移動する

鉄道の近鉄とJR、バスの奈良交通が公共交通機関の三本柱。だいたいの移動は鉄道でまかなえるが、エリア内の移動や鉄道では遠回りとなる際に、バスの出番となる。レンタサイクルも利用者が多い。

奈良中心部を移動する

まず、近鉄奈良駅とJR奈良駅が離れていることに注意。奈良公園により近いのは近鉄奈良駅だ。この一帯はじっくり徒歩で散策するのがおすすめだが、東大寺や春日大社は意外に遠い。本数の多いバスを組み合わせると、より効率的に移動できる。西の京・佐保路・佐紀路へも、わざわざ鉄道駅へ戻るよりもバス利用のほうが楽なこともある。お得な1日乗車券なども販売されているので、旅程に合わせて利用したい。

県内の他エリアへ移動する

エリア間の移動には鉄道を使うと速い。県内にはJRと近鉄が走っているが、目的地へ向かうにはどちらを利用すればいいのか、事前にしっかり確認しておこう。なお、近鉄では特急列車も運行しているが、全席指定で乗車券とは別に特急券が必要になるので注意。また、斑鳩へは奈良公園周辺から向かう場合はJRを使うと時間短縮できるが、西の京から向かう場合はバス利用のほうが効率的。

レンタサイクルを活用!

観光名所間ののどかな風景を自分のペースで楽しめる自転車もおすすめ。平坦地では特に活躍する。電動アシスト付きを用意する店も多い。乗り捨てが可能な場合も。

主なレンタサイクル店

近鉄奈良自転車センター
MAP 付録P.8 A-4 ☎0742-22-5475
奈良レンタサイクル
MAP 付録P.6 B-2 ☎0742-24-8111
奈良町情報館 ➡P.37
駅リンくん JR奈良駅
MAP 付録P.6 A-3 ☎0742-26-3929
西大寺自転車センター
MAP 付録P.10 C-3 ☎0742-44-8388
西ノ京自転車センター
MAP 付録P.11 E-3 ☎0742-36-8198
大和郡山市観光協会
MAP 付録P.13 E-1 ☎0743-52-2010
法隆寺iセンター
MAP 付録P.12 B-2 ☎0745-74-6800
明日香レンタサイクル ➡P.68

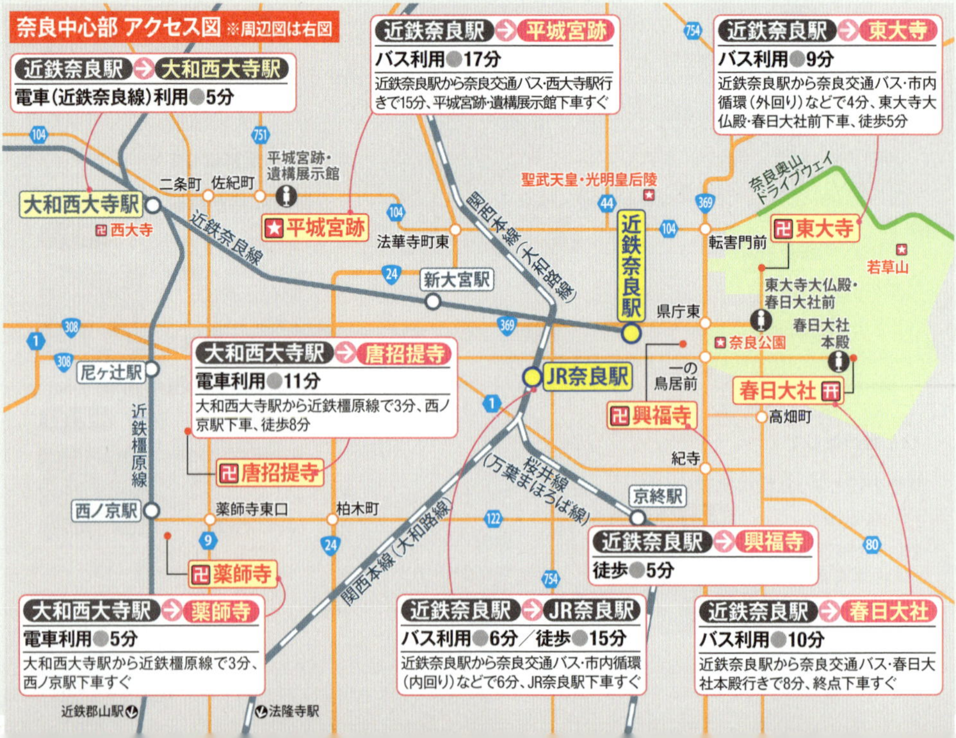

奈良中心部 アクセス図 ※周辺図は右図
近鉄奈良駅 → 大和西大寺駅
電車(近鉄奈良線)利用●5分
近鉄奈良駅 → 平城宮跡
バス利用●17分
近鉄奈良駅から奈良交通バス・西大寺駅行きで15分、平城宮跡・遺構展示館下車すぐ
近鉄奈良駅 → 東大寺
バス利用●9分
近鉄奈良駅から奈良交通バス・市内循環(外回り)などで4分、東大寺大仏殿・春日大社前下車、徒歩5分
大和西大寺駅 → 唐招提寺
電車利用●11分
大和西大寺駅から近鉄橿原線で3分、西ノ京駅下車、徒歩8分
近鉄奈良駅 → 興福寺
徒歩●5分
大和西大寺駅 → 薬師寺
電車利用●5分
大和西大寺駅から近鉄橿原線で3分、西ノ京駅下車すぐ
近鉄奈良駅 → JR奈良駅
バス利用●6分/徒歩●15分
近鉄奈良駅から奈良交通バス・市内循環(内回り)などで6分、JR奈良駅下車すぐ
近鉄奈良駅 → 春日大社
バス利用●10分
近鉄奈良駅から奈良交通バス・春日大社本殿行きで8分、終点下車すぐ
大和西大寺駅
西大寺
二条町
佐紀町
平城宮跡・遺構展示館
平城宮跡
聖武天皇・光明皇后陵
近鉄奈良線
法華寺町東
新大宮駅
関西本線(大和路線)
近鉄奈良駅
県庁東
転害門前
東大寺
若草山
奈良奥山ドライブウェイ
東大寺大仏殿・春日大社前
春日大社本殿
奈良公園
JR奈良駅
一の鳥居前
春日大社
興福寺
高畑町
尼ヶ辻駅
近鉄橿原線
唐招提寺
紀寺
桜井線(万葉まほろば線)
京終駅
西ノ京駅
薬師寺東口
柏木町
薬師寺
関西本線(大和路線)
近鉄郡山駅
法隆寺駅

奈良県内 アクセス図
生駒駅
近鉄奈良線
京都駅
木津駅
西ノ京・佐保路・佐紀路
関西本線（大和路線）
月ヶ瀬街道
柳生
大和西大寺駅
平城宮跡
新大宮駅
尼ヶ辻駅
近鉄奈良駅
JR奈良駅
奈良奥山ドライブウェイ
奈良公園
西ノ京駅
京終駅
奈良中心部 アクセス図 ※左図
近鉄奈良駅 → 近鉄郡山駅
電車利用●17分
近鉄奈良駅から近鉄奈良線／橿原線（大和西大寺駅乗り換え）で17分
近鉄橿原線
郡山城跡
近鉄郡山駅
郡山駅
奈良公園・ならまち
帯解駅
法起寺
斑鳩・大和郡山
大和小泉駅
郡山下ツ道JCT
郡山IC
天理IC
天理東IC
亀山
五ヶ谷IC
法隆寺
筒井駅
櫟本駅
名阪国道
法隆寺参道
西名阪自動車道
大和まほろばSIC
近鉄天理線
天理駅
石上神宮
法隆寺駅
平端駅
郡山南IC
天理駅
嘉幡町
勾田町
法隆寺IC
西名阪自動車道
JR奈良駅 → 天理駅
電車（JR桜井線＝万葉まほろば線）利用●15分
JR奈良駅 → 三輪駅
電車（JR桜井線＝万葉まほろば線）利用●27分
三宅IC
近鉄田原本線
近鉄橿原線
長柄駅
桜井線（万葉まほろば線）
JR奈良駅 → 法隆寺
電車＋バス利用●30分
JR奈良駅から関西本線（大和路線）で法隆寺駅まで11分、エヌシーバス・法隆寺参道行きに乗り換え5分、終点下車すぐ
京奈和自動車道
田原本駅
山の辺の道
柳本駅
巻向駅
大阪上本町駅
西田原本駅
橿原・今井町
橿原北IC
耳成駅
香久山駅
桜井駅
大神神社
三輪駅
長谷寺駅
尺土駅
和歌山線
高田駅
近鉄大阪線
八木西口駅
大和八木駅
大阪阿部野橋駅
畝傍駅
桜井線（万葉まほろば線）
薬師町
外山
大和朝倉駅
近鉄御所線
高田市駅
橿原高田IC
近鉄南大阪線
安倍文殊院
桜井駅
聖林寺
和歌山線
京奈和自動車道
橿原神宮
橿原神宮前駅
飛鳥寺
石舞台古墳
談山神社
近鉄御所駅
御所駅
御所IC
飛鳥駅
中街道
飛鳥
御所南IC
壺阪山駅
飛鳥駅 → 石舞台古墳
バス利用●16分
近鉄・飛鳥駅から明日香周遊バス・橿原神宮駅東口行きで16分、石舞台下車すぐ
近鉄奈良駅 → 吉野山
電車／ロープウェイ利用●2時間
近鉄奈良駅から近鉄奈良線／橿原線／吉野線（大和西大寺駅／橿原神宮前駅で乗り換え）で吉野駅まで1時間40分、そこから徒歩3分の千本口駅で吉野山ロープウェイに乗車し、吉野山駅まで3分
近鉄吉野線
吉野口駅
吉野口駅
下街道
和歌山線
下市口駅
大和上市駅
五條北IC
土田
伊勢街道
吉野神宮駅
吉野
吉野駅
千本口
吉野山
金峯山寺
吉野山ロープウェイ
吉野山
近鉄奈良駅 → 橿原神宮
電車利用●50分
近鉄奈良駅から近鉄奈良線／橿原線（大和西大寺駅乗り換え）で40分、橿原神宮前駅下車、徒歩10分
近鉄奈良駅 → 飛鳥駅
電車利用●1時間10分
近鉄奈良駅から近鉄奈良線／橿原線／吉野線（大和西大寺駅／橿原神宮前駅で乗り換え）で1時間10分
橋本駅
JR線
近鉄線
高速・有料道
一般道

※鉄道駅は大きく省略しています。吉野山ロープウェイは観桜期・紅葉期を除き金〜月曜のみの運行。冬期休業あり

旅のきほん

3

一年の移ろいから古都の旬を見つけたい

奈良トラベルカレンダー

古都·奈良では、伝統ある寺社の祭りや行事のほか、四季折々に咲く花や季節の野菜も楽しめる。ライトアップを行うところもあるのでチェックしたい。

1月	2月	3月	4月	5月	6月
春日大社を筆頭に寺社スポットは、初詣の参詣客で大いに賑わう。	一年で最も寒い時期。雪が降ると風情ある銀世界の寺社が楽しめる。	まだ寒い日が続くが、下旬にはしだれ桜が見頃を迎え、春は目前。	桜が開花すると観光客が一気に増加。新緑のモミジも美しい。	新緑が深まる。4月に引き続き連休中は観光客が多く、混雑に注意。	梅雨入り。雨の多い時期だが、アジサイや早咲きコスモスが見頃。

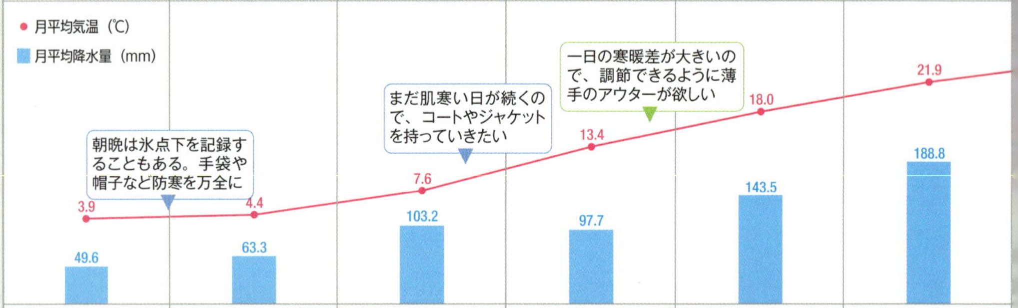

月平均気温（℃）
月平均降水量（mm）
朝晩は氷点下を記録することもある。手袋や帽子など防寒を万全に
まだ肌寒い日が続くので、コートやジャケットを持っていきたい
一日の寒暖差が大きいので、調節できるように薄手のアウターが欲しい
3.9
4.4
7.6
13.4
18.0
21.9
49.6
63.3
103.2
97.7
143.5
188.8

1月	2月	3月	4月	5月	6月
第4土曜 **若草山焼き** 約600発の花火を打ち上げたのち、若草山(P.43)の枯れ草に火をつけ、山全体を燃やして早春を告げる伝統行事。	**3日** **追儺会（ついなえ）** 節分の夜に興福寺(P.34)で行われる除災招福の行事。薬師悔過の法要や3匹の鬼を毘沙門天が退治する鬼追い式、福豆まきを行う。 **第1日曜** **おんだ祭** 飛鳥坐神社(P.71)の奇祭。第1部では御田植神事で五穀豊穣を、第2部では天狗とお多福の夫婦和合の儀式で子孫繁栄を願う。	**1〜15日** **修二会（しゅにえ）** 東大寺二月堂(P.33)で1260年以上続く伝統行事。大松明を持った童子が観客の頭上に火の粉を散らしながら舞台をまわる。	**8日** **修二会** 新薬師寺(P.44)の最大行事。燃え盛る長さ7mもの大松明10本と籠松明1本が本堂の周囲をまわる「おたいまつ」は、勇壮で幽玄。 **上旬〜下旬** **桜まつり（吉野）** 吉野(P.72)の桜は山桜なので平地より開花は遅め。期間中はイベントやライトアップが行われる(開催時期は開花状況により異なる)。	**第3金・土曜** **薪御能** 昼に春日大社(P.42)、夜に興福寺(P.34)で執り行われる。野外の敷き舞台で、夜空に映える薪火の輝きが神秘的な能の世界を演出。 **19日** **うちわまき** 唐招提寺(P.48)で行われる、覚盛上人の高徳を偲ぶ法要。病魔退散や魔除けのご利益があるというちわが参拝者にまかれる。	**5・6日** **開山忌** **舎利会（しゃりえ）** 唐招提寺(P.48)で鑑真の命日にちなみ、その徳を偲ぶ法要が行われる。国宝・鑑真和上坐像も公開される。

下北春まな 1〜2月

梅 2月中旬〜3月中旬

桜 3月下旬〜4月下旬

ボタン 4月中旬〜5月上旬

大和まな 11月中旬〜2月

大和丸なす 4〜10月

アジサイ 6月〜7月上旬

早咲きコスモス 6月

下北春まな

大和まな

桜

ボタン

アジサイ

若草山焼き

なら燈花会

鹿の角きり

吉野の桜

7月	8月	9月	10月	11月	12月
盆地らしく、蒸し暑い日が多くなる。観光客が比較的少ない時期。	夏休みに入ると観光客が増加する。混雑と熱中症には気をつけたい。	奈良は台風の影響が少ない地域だが、念のため予報のチェックを。	10月に入ると一気に気温が下がる。中旬頃から木々が色づき始める。	紅葉シーズン。雨も少なくなり、観光客が多く訪れる人気の時期。	上旬に紅葉が散ると、観光客数も一段落し落ち着いた雰囲気に。

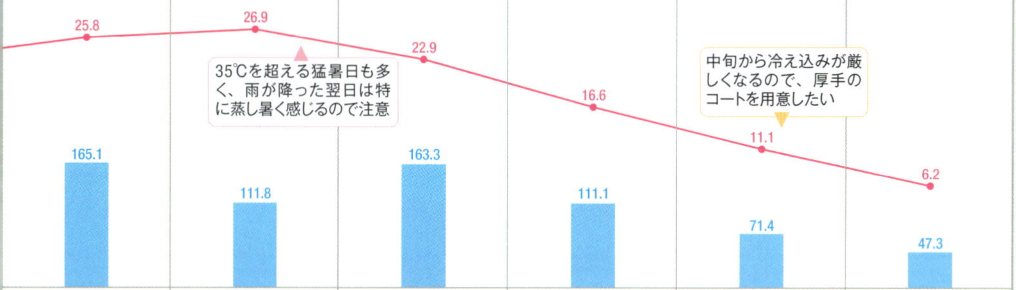
25.8
26.9
22.9
16.6
11.1
6.2
165.1
111.8
163.3
111.1
71.4
47.3
35℃を超える猛暑日も多く、雨が降った翌日は特に蒸し暑く感じるので注意
中旬から冷え込みが厳しくなるので、厚手のコートを用意したい

7月

7日
蓮華会(れんげえ)・蛙飛び行事
金峯山寺(P.74)で蓮の花を蔵王権現に供える。大青蛙を乗せた太鼓台が蔵王堂へ練り込み、ユニークな蛙飛びの行事が行われる。

17日
蓮華会式
法華寺(P.51)本堂前の茅の輪をくぐり、夏の悪疫解除を祈願。境内は燈明により幻想的に彩られる。

8月

5〜14日
なら燈花会
奈良公園一帯で毎夜約2万本のろうそくが美しい灯の花を咲かせる。願いを込めてろうそくを灯す「一客一燈」に参加できる。

15日
奈良大文字送り火
戦没者の慰霊と世界平和を祈る祭典。高円山に浮かぶ炎の「大」の字は、奈良公園各所から見ることができる。

9月

中秋の名月の日
采女(うねめ)祭
春日大社の末社、采女神社の雅な行事。雅楽が流れるなか、花扇使らを乗せた2隻の管絃船が猿沢池に浮かぶ灯籠の間を巡り、花扇を池中に投じる。

中秋の名月の日
観月
讃仏会(さんぶつえ)
唐招提寺(P.48)にて名月を愛でる法要が行われる。国宝の建物や仏像に囲まれてお月見が楽しめる。

10月

7〜9日
鹿の角きり
春日大社境内の鹿苑(P.43)角きり場で江戸時代から続く勇壮な行事。勢子が角きり場に追い込まれた荒ぶる雄鹿を捕まえ、神官役が角を切る。

11月

3日
明治祭・文化の日
萬葉雅楽会
春日大社(P.42)で行われる、明治天皇の偉業を讃える祭典。萬葉植物園中央の池に設置された浮舞台で午後から管絃・舞楽を奉納。

3日
けまり祭
談山神社(P.63)で「大化改新」の発端となった藤原鎌足と中大兄皇子の出会いにちなみ、蹴鞠を奉納する。

12月

15〜18日
春日若宮おん祭
春日大社の摂社・若宮(P.43)の例祭。17日正午より、平安〜江戸時代にいたる装束の古式ゆかしい時代行列「お渡り式」が市街を進む。

29日
お身拭い
新年を迎えるにあたり、薬師寺(P.46)本尊の薬師如来像や日光菩薩像・月光菩薩像をはじめとする仏像を僧侶が浄布で拭き清める。

花みょうが 8〜9月

紅葉 10月中旬〜12月上旬

ヒモトウガラシ 6月下旬〜9月上旬

大和いも 11〜12月

大和丸なす

ヒモトウガラシ

花みょうが

コスモス

大和いも

コスモス 9月〜11月中旬

大和まな 11月中旬〜2月

※日程は変動することがありますので、事前にHPなどでご確認ください。

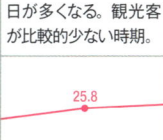

プレミアム滞在モデルプラン

奈良大和路 おとなの2泊3日

『万葉集』に詠われる美しい自然と風情に満ちた古都に、人々の祈りを長く受け止めてきた無数の寺社や仏像たちが点在する。麗しき奈良・大和路をゆっくりと味わいたい。

創建時から奈良を見守ってきた東大寺・大仏殿(手前)と興福寺・五重塔(右奥)。今なお、訪れる者を圧倒するスケールでたたずむ

1日目

奈良公園・ならまち周辺を散策

世界遺産の古刹名刹、レトロな街並みなどが広がる魅力あふれるエリア

8:55 近鉄奈良駅

約5分
近鉄奈良駅から南西方面へ。興福寺の南にならまちが広がる

9:00 興福寺

約15分
隣接した奈良国立博物館などを経て奈良公園へ

11:00 奈良公園

阿修羅像など国宝が揃う藤原氏ゆかりの興福寺へ

興福寺 ➡P.34・84・88
こうふくじ

和銅3年(710)の平城遷都の際、藤原不比等によって、いまの地に移され、興福寺と名付けられた。五重塔や中金堂、東金堂など重要な建造物のほか、国宝館も必見。

多くの鹿でも知られる奈良公園を散策

奈良公園 ➡P.25
ならこうえん

総面積500万㎡の広大な公園。敷地と一体化したかのように東大寺や春日大社などの寺社が点在。時間があれば若草山も訪れたい。

プランニングのアドバイス

JR奈良駅、近鉄奈良駅といった主要駅からの徒歩圏に多くの見どころが集まっているので、徒歩でまわることができる。奈良公園や「ならまち」エリアにはレストランやカフェも多く、ランチやディナー、休憩処には困らない。

14:10 奈良公園

公園に隣接
春日大社、東大寺とも奈良公園に隣接しているので、公園内を散策しながら訪れたい

14:30 春日大社

徒歩約20分
東大寺・南大門方面へ歩く。若草山の麓を歩くと直接二月堂方面へ

16:00 東大寺

約15分
東大寺・大仏殿前バス停で奈良交通バスに乗車

17:30 ならまち

約10分
街を散策しながら近鉄奈良駅へ

19:00 近鉄奈良駅

鹿にあげる鹿せんべいは10枚で200円。奈良公園の各所で買える

神秘の森に抱かれた 春日大社

春日大社 ➡P.42
かすがたいしゃ

南門、回廊、中門・御廊などが重要文化財。朱の回廊に釣燈籠が並ぶさまは見事だ。境内には摂社・末社も多いほか、藤の名所としても知られている。

世界最大級の木造建築 東大寺 でスケールに圧倒される

東大寺 ➡P.30・86
とうだいじ

創建当初より小さくなったとはいえ、大仏殿の巨大さには驚くばかり。元日と万灯供養会には正面の観相窓から大仏様を拝める。

古風な街並み ならまち をおさんぽ

ならまち ➡P.36

元興寺を中心に広がる古き良き街並みが広がる。古刹・旧跡のほか、町家をリノベしたカフェやショップなども人気。

2日目

10:00	近鉄奈良駅
	徒歩約40分 文豪に愛された高畑の風情ある街並みを歩いて向かう
10:45	新薬師寺
	約40分 破石町バス停まで徒歩13分。破石町バス停から奈良交通バスで近鉄奈良駅まで8分。近鉄奈良駅から西ノ京駅まで近鉄奈良線／近鉄橿原線で15分(大和西大寺駅で乗り換え)
13:30	西ノ京駅
	徒歩すぐ 駅を出て案内に従って歩けば興楽門まですぐ
13:35	薬師寺
	徒歩約10分 唐招提寺は薬師寺の北にある
15:30	唐招提寺
	徒歩約10分 次の目的地次第では駅に戻らずバスを利用しよう
17:00	西ノ京駅

プランニングのアドバイス

昼は奈良公園周辺で。高畑から近鉄奈良駅へ戻る途中に立ち寄れる、奈良ホテルでの優雅なランチがおすすめ。夜も西の京から奈良公園周辺に戻るのが定番だが、途中の近鉄・新大宮駅周辺には味に定評のある店が多いので気になる店があったらぜひ。

傑作仏像と対峙し、自分の心を見つめる

傑作といわれる仏像群を拝観し、心静かなひとときを過ごしたい。

新薬師寺の如来を守護する神将たち

新薬師寺 ➡P.44・88

しんやくしじ

本尊の薬師如来坐像を取り囲むように守護する十二神将立像で知られている。いずれも国宝。

西ノ京の二大寺院 薬師寺と唐招提寺の救いの仏様

薬師寺 ➡P.46・85

やくしじ

興福寺と同じく法相宗の大本山。鮮やかな色彩の堂宇が並ぶ。金堂の薬師三尊像と東院堂の聖観世音菩薩像が有名。

唐招提寺 ➡P.48・87

とうしょうだいじ

律宗の総本山で、有名な鑑真が開基。金堂の本尊は盧舎那仏坐像だが、向かって左側の千手観音菩薩立像も存在感を放つ名品。

3日目

大和路に古代日本の始まりを知る

古来の自然信仰が残る社や謎の遺跡群が残る村里へ。

10:00 三輪駅

徒歩約5分
三輪駅まではJR奈良駅から桜井線（万葉まほろば線）の利用が便利

10:35 大神神社

約35分
三輪駅からJR桜井線（万葉まほろば線）で桜井駅まで2分。桜井駅から近鉄大阪線で大和八木駅まで4分。大和八木駅から近鉄橿原線で橿原神宮前駅まで6分

12:00 橿原神宮前駅

徒歩約10分
駅前広場からまっすぐ進めば入口前の駐車場が見えてくる

12:10 橿原神宮

約15分
橿原神宮前駅から近鉄吉野線で飛鳥駅まで4分

13:30 飛鳥駅

約15分
飛鳥駅から明日香周遊バスで石舞台バス停まで

13:45 石舞台古墳

自転車で約1時間40分
飛鳥駅から橿原神宮前駅までの移動時間（観光名所での立ち寄り時間は含まない）

17:30 橿原神宮前駅

プランニングのアドバイス

少し早めの昼食になるが、三輪で名物のそうめんをいただきたい。コシが強く、喉ごしがいいのが特徴だ。奈良市内に宿泊するなら、夜は奈良公園周辺の食事処が基本になるが、近場では大和八木駅周辺にも飲食店は多い。

山の辺の道の古社 大神神社 で原初の信仰をみる

大神神社 ➡P.62
おおみわじんじゃ

背後にそびえる三輪山をご神体とする神社。境内の拝殿を通じて山を直接拝むため、本殿がないのが特徴だ。自然を神聖視してきた日本古来の信仰形態がうかがえる。

建国の神話が息づく日本始まりの地 橿原神宮 へ

橿原神宮 ➡P.64
かしはらじんぐう

第一代天皇・神武天皇を御祭神として祀る神社で、明治23年（1890）に創建。通常は外拝殿での参拝となる（正月期間には内拝殿手前まで行くことができる）。

謎多き 飛鳥 の里の遺跡をたどる

石舞台古墳 ➡P.70
いしぶたいこふん

石室が露出した巨大な方墳。中に入ってその大きさを体感することができる。蘇我馬子の墓という説がある。

飛鳥寺 ➡P.71
あすかでら

日本最古の本格的仏教寺院として知られる。日本最古の仏像・飛鳥大仏を安置する。

ニュース＆トピックス

古都奈良ではいま、伝統を大切にしつつ、新しい文化を誕生させようという試みが盛ん。温故知新を体感できる、奈良のニューオープン施設をご紹介！

奈良の歴史・芸術・文化を多面的に知る 道の駅 なら歴史芸術文化村

農産物・工芸品を直売する物販施設、文化財修復・展示棟、ホテルなどからなる新しい複合施設の道の駅。

文化財を修理する様子を見学できるツアーも

道の駅 なら歴史芸術文化村

みちのえき なられきしげいじゅつぶんかむら

天理市 MAP 付録P.12 B-3

☎0743-86-4420（9:00～18:00） 所天理市杣之内町437-3 開9:00～20:00（ショップは～18:00） 休月曜（祝日の場合は翌平日）、12月28日～翌年1月4日 交近鉄・JR天理駅から有料（300円）予約制オンデマンドシャトルで10分、下車すぐ P80台

奈良の自然と歴史に触れられる貴重な機会

2022年3月オープン

大阪、奈良、京都を結ぶ観光特急 「あをによし」が運行

2022年4月運行開始

古都の旅をくつろぎの空間で旅する観光特急が運行を開始。三都を乗り換えなしで結ぶ。優雅な車内では、スイーツや奈良のクラフトビールも販売する。

観光特急「あをによし」

☎050-3536-3957（8:00～21:00）
料大阪難波～近鉄奈良～京都駅2140円 京都～近鉄奈良駅1490円
休木曜
URL www.kintetsu.co.jp/senden/aoniyoshi/

家具メーカーと開発した、座る人を包むようなシート

3～4人グループ専用半個室のサロンシート

高貴な色「紫」や天平文様をイメージした車体

近鉄大和西大寺駅南口に交流広場 Coconimo SAIDAIJI が誕生

イベント開催をはじめ、レストランやカフェが軒を連ねる複合施設。キッチンカーの料理を芝生広場で味わうなど楽しみ方は自在。セルフ式ドッグスパも併設されている。

Coconimo SAIDAIJI

ココニモ サイダイジ

奈良市 MAP 付録P.10 C-3

☎店舗により異なる 所奈良市西大寺南町5-5 営休店舗により異なる 交近鉄大和西大寺駅から徒歩1分 Pなし

キッチンカー出店情報はHPでチェックできる

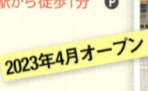

Coconimo SAIDAIJI

2023年4月オープン

老舗が生み出す新しい酒文化 梅乃宿酒造の新蔵が稼働開始

創業130余年の地酒蔵が新しい蔵へ移転。新蔵を拠点に、日本酒の枠にとらわれない新しい酒文化を創造する新商品を世に送り出している。

梅乃宿酒造 直営店

うめのやどしゅぞう ちょくえいてん

葛城市

MAP 付録P.3 D-4

☎0745-43-9755（10:00～18:00）
所葛城市寺口27-1
交近鉄新庄駅から徒歩25分 P15台

蔵見学やワークショップの体験ができる（要予約）

2022年7月オープン

おとな旅にふさわしい ホテルが続々開業!

いにしえにタイムスリップしたかのような時間を過ごせるホテルや、栽培方法にまでこだわった奈良の伝統野菜が味わえる宿など、個性的なホテルを楽しもう。

ホテル 奈良さくらいの郷
ホテル ならさくらいのさと

「奈良の豊かな食と農」の魅力発信をコンセプトにオープン。食事はもちろん、熊野古道や世界遺産・玉置神社への日帰りツアーなどのアクティビティも充実。

桜井市 MAP 付録P.3 D-3

☎0744-48-0620 所桜井市高家2220-1 交近鉄桜井駅から車で10分 P28台 in15:00 out11:00 室30室 予算1泊2食付き1万5000円〜

奈良伝統の「大和野菜」を味わう料理の数々

客室には、吉野の良質なスギやヒノキを使用

2022年9月オープン

かつての万年筆本舗を趣ある客室にリノベ

2022年10月オープン

RITA 御所まち
リタ ごしょまち

古民家をリノベーションした2つの宿泊施設、銭湯とレストランからなるホテル。窓からは奈良の自然が一望でき、スタイリッシュな内装にモダンさを感じる4タイプの部屋がある。

御所市 MAP 付録P.3 D-4

☎0745-49-0854 所御所市西町1069 交近鉄・JR御所駅から徒歩6分 Pあり in15:00 out11:00 室4室 予算1泊2食付2万5800円〜

銭湯にはフィンランド式サウナと水風呂も

地域の食文化を懐かしくて新しい洋食で提供

紫翠 ラグジュアリーコレクションホテル 奈良
しすい ラグジュアリーコレクションホテル なら

奈良公園西端という好立地。大正ロマン漂うメイン棟は、旧奈良県知事公舎を改修したもの。シャンパンのフリーフロータイムなど優雅な時間を満喫できる。

奈良市 MAP 付録P.6C-2

☎0742-93-6511 所奈良市登大路町62 交近鉄奈良駅から徒歩15分 P10台 in15:00 out12:00 室43室 予算1泊2食付9万1712円〜

奈良の伝統を味わう

大きな窓一面に自然が一望できる設計

2023年8月オープン

フェアフィールド・バイ・マリオット・奈良天理山の辺の道
フェアフィールド・バイ・マリオット・ならてんりやまのべのみち

「道の駅 なら歴史芸術文化村」に隣接している複合施設のホテル。レストランを併設しておらず、周辺の飲食店や温浴施設を利用した地域の魅力を楽しむ旅を提案。

天理市 MAP 付録P.12 B-3

☎06-6743-4750 所天理市杣之内町元山口方438-7 交近鉄・JR天理駅から有料(300円)予約制オンデマンドシャトルで10分、下車すぐ Pあり in15:00 out11:00 室99室 予算1泊1万5730円〜

さまざまな観光地へアクセスのよい立地に建っている

キングサイズベッドの客室。2名まで宿泊可

気取らない雰囲気が心地いいロビーラウンジ

2022年3月オープン

奈良の桜と紅葉

色彩で感じる大和路の風光

奈良の自然は、四季折々に美しい姿を見せてくれる。
なかでも桜と紅葉の頃は一年で最も華やぐ季節だ。

桜
華やぎの春を歩く

一目千本の桜は日本屈指の規模を誇る

吉野山
よしのやま

吉野 MAP 付録P.18 C-3

古来、桜の名所として知られる。シロヤマザクラを中心に、3万本もの桜が山全体を覆い尽くす。麓の下千本から中千本、上千本、奥千本へと山上へ順に開花してゆくので見頃が長い。ライトアップされた夜桜も幻想的だ。

➡P.72

中世には西行、源義経らが訪れ、京都を追われた後醍醐天皇により、この地に南朝も開かれた。文禄3年(1594)には豊臣秀吉も花見を行ったという記録が残る(P.79)

ソメイヨシノや八重桜
次々に開く桜のつぼみ

奈良公園

ならこうえん

奈良公園周辺 MAP 付録P.7 D-2

隣接する東大寺など周辺には奈良を代表する寺社があり、園内は野生の鹿が闊歩。敷地内には多種多様な桜が開花し、奈良県花であるナラノヤエザクラも見られる。

☎0742-22-0375(奈良公園事務所)
所奈良市春日野町ほか 開休料入場自由 交近鉄奈良駅から徒歩5分
P周辺駐車場利用(有料)

標高700mの千年の丘からは天空の庭が一望できる

桜と絶景を楽しむために
この時期のみ開く庭園

天空の庭 高見の郷

てんくうのにわ たかみのさと

東吉野 MAP 本書P.2 C-2

標高650mにある広さ7haの敷地内に約1000本ものしだれ桜が咲き誇り、背後にそびえる山々とともに美しい景色を見せてくれる。

☎090-5136-9844(高見の郷事務局)
所東吉野村杉谷298-1 開毎年4月頃(詳細は事前にホームページURLshidare-sakura.jpを確認) 休期間中無休 料1000円 交開園期間中、近鉄・榛原駅から運行される臨時直通バス(有料)を利用 P300台

史跡郡山城跡

しせきこおりやまじょうあと

郡山 MAP 付録P.13 D-2

豊臣秀吉(とよとみひでよし)の弟・秀長(ひでなが)が入府した際に持ち込んだ桜が始まりという。3月下旬から4月上旬にかけてはお城まつりが行われ、夜桜も楽しめる。

➡P.58

「御殿桜」と城郭の
美しいコラボレーション

お濠を囲むようにソメイヨシノなどが植えられている

紅葉
錦に染まる秋の寺社

10月中旬頃からはもみじ祭りも行われる

室生山の自然に抱かれ
紅く染まる女人高野を行く

室生寺
むろうじ

室生 MAP 本書P.131 B-2

室生山の山麓にある寺院。平安時代前期の仏像や建築を伝え、木造の五重塔は国宝に指定されている。鎧坂から本堂にかけての紅葉が美しい。

➡P.130

紅葉が美しい秋の特別拝観時は本尊薬師如来倚像を公開する

赤や黄色が織りなす
「錦の里」で美景を堪能

正暦寺
しょうりゃくじ

奈良市南東部 MAP 付録P.5 F-4

正暦3年(992)創建の寺院。境内には3000本を超えるカエデがあり、木々の緑、赤や黄色のモミジが美しく色づく。福寿院から見渡す庭園も美景。

☎0742-62-9569 所奈良市菩提山町157 開9:00〜16:00(11月3日〜12月第1日曜は〜17:00) 休無休 料福寿院客殿500円、特別拝観期間中は800円 交近鉄奈良駅から車で25分(紅葉の時季はJR奈良駅／近鉄奈良駅から臨時バスが運行) P70台(紅葉の時季は有料)

本堂の床が紅葉を映し
赤く染まる
古典文学に多数登場する
日本有数の観音霊場

長谷寺
はせでら

初瀬 MAP 本書P.127 A-1

初瀬山(はつせやま)の中腹に建つ寺院。ボタンの名所として有名だが、秋の紅葉も見応えがある。11月にはさまざまなイベントを開催予定。HPなどを確認して訪れよう。

➡P.128

関西の日光と呼ばれる
紅葉と桜の名所
高さ17mの壮麗な塔が、多武峰(とうのみね)の木立に囲まれるさまは見事

談山神社
たんざんじんじゃ

多武峰 MAP 付録P.3 D-3

藤原鎌足(ふじわらのかまたり)を祀る神社で、世界で唯一現存する木造の十三重塔が見どころのひとつ。11月には3000本ものモミジが色づき、朱塗りの社殿や、歴史を感じさせる十三重塔とともに美しい景色となる。

➡P.63

奈良の世界遺産を訪れたい

登録物件としては奈良県内で3つ。20カ所の寺院や神社、自然などが構成資産となっている。

Ⓐ 法隆寺地域の仏教建造物
Ⓑ 古都奈良の文化財
Ⓒ 紀伊山地の霊場と参詣道

東大寺 Ⓑ
とうだいじ
P.30

MAP 付録P.7 D-1

世界最大級の木造建築と「奈良の大仏」として名高い盧舎那仏が鎮座。

興福寺 Ⓑ
こうふくじ
P.34

MAP 付録P.8 A-2

かつての四大寺のひとつ。光明皇后が創建した五重塔は必見だ。

元興寺 Ⓑ
がんごうじ
P.41

MAP 付録P.9 D-2

日本最古の寺院、法興寺が前身。現在は本堂と禅室を残す。

春日大社 Ⓑ
かすがたいしゃ
P.42

MAP 付録P.7 E-2

鮮やかな朱塗りの社殿が印象的。古くから藤の名所としても名高い。

春日山原始林 Ⓑ
かすがやまげんしりん

MAP 付録P.7 F-2

春日大社の神山として千年以上伐採が禁じられてきた原始林。

薬師寺 Ⓑ
やくしじ
P.46

MAP 付録P.11 E-3

白鳳時代の美しい伽藍が特徴。東塔は創建当時の唯一の遺構。

唐招提寺 Ⓑ
とうしょうだいじ
P.48

MAP 付録P.11 E-3

鑑真によって開かれた。国宝の鑑真和上像は日本最古の肖像彫刻。

平城宮跡 Ⓑ
へいじょうきゅうせき
P.53

MAP 付録P.10 C-2

平城京の中心だった宮殿の跡地。復原建造物や展示館が点在する。

法隆寺 Ⓐ
ほうりゅうじ
P.54

MAP 付録P.12 B-2

聖徳太子により創建された寺。現存する世界最古の木造建築群だ。

法起寺 Ⓐ
ほうきじ
P.57

MAP 付録P.12 A-1

慶雲3年(706)建立の三重塔は日本最古のもの。伽藍配置が特徴的。

吉野山 Ⓒ
よしのやま
P.72

MAP 付録P.18 C-3

日本を代表する桜の名所。南北朝時代には南朝の都が置かれた。

金峯山寺 Ⓒ
きんぷせんじ
P.74

MAP 付録P.18 C-3

吉野山の尾根に建つ寺。国宝の本堂・蔵王堂は堂々たるたたずまい。

吉水神社 Ⓒ
よしみずじんじゃ
P.75

MAP 付録P.18 C-3

後醍醐天皇を祀る神社。源義経や豊臣秀吉など歴史的人物の逸話も残る。

吉野水分神社 Ⓒ
よしのみくまりじんじゃ
P.75

MAP 付録P.19 E-2

水の分配を司る天之水分大神が主祭神。子授け・安産の神としても人気の神社。

金峯神社 Ⓒ
きんぷじんじゃ
P.75

MAP 付録P.19 F-1

吉野山の地主神を祀る。境内下には源義経が弁慶らと身を隠した塔が残る。

大峯山寺 Ⓒ
おおみねさんじ

MAP 本書P.3 D-2

修験道の寺院。女人禁制を貫く大峯山山上ヶ岳の山頂付近にある。

大峯奥駈道 Ⓒ
おおみねおくがけみち

MAP 付録P.19 E-1

修験道の開祖、役行者が開いた道。奥駈という厳しい修行が行われる地だ。

玉置山 Ⓒ
たまきやま

MAP 本書P.3 F-3

山頂から熊野灘が望める、標高1076mの山。森林浴の森100選にも選ばれた。

玉置神社 Ⓒ
たまきじんじゃ

MAP 本書P.3 F-3

玉置山山頂付近に建つ古社。江戸時代には修験道の大霊場として栄えた。

熊野参詣道 小辺路 Ⓒ
くまのさんけいみちこへち

MAP 本書P.3 F-3

紀伊山地を縦断し、高野山と熊野本宮大社を結ぶ。峠の多い険しい道だ。

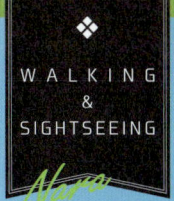

神話や伝承に
彩られた
古都を巡る

歩く・観る

数々の大伽藍や仏像を前に、
太古から連綿と続く安寧への祈りに、
今、思いを重ねる。
霊峰や古代遺跡に残る神話や伝承と
美しい風光に彩られた大和路を、
古代のロマンを求め、
ゆったりと歩くおとなの旅。

NARA CITY

奈良市

名刹・古社の数々と古い街並みがある観光拠点

奈良公園・ならまち

ならこうえん・ならまち

東大寺をはじめ古寺古社が集中している。のんびりと過ごす鹿たちを眺めながら、見どころったぷりのエリアを散策しよう。

秘仏の特別開帳(開扉)時期を要チェック!

東大寺には国宝級の秘仏も多いため、開扉日には多くの人が訪れる。旅行日と重なった場合は、貴重な1日を逃さないようにしたい。

秘仏の特別開帳

7月5日	俊乗堂
10月5日	勧進所八幡殿 公慶堂
12月16日	開山堂・法華堂 俊乗堂

大仏と諸堂が圧倒的なスケールで迎える

東大寺

とうだいじ

世界遺産

天平文化を支えた華厳宗大本山
広大な境内に数々の伽藍が点在

天平勝宝元年(749)、仏教による鎮護を願った聖武天皇の勅願により金色に輝く盧舎那仏本体が完成。続いて大仏殿も造営され、天平勝宝4年(752)には入眼の儀式である「大仏開眼供養会」が催された。その後も伽藍は増えていき、国内寺院の総本山として権勢を誇った。しかし治承4年(1180)、南都焼き討ちで大仏や大仏殿をはじめ伽藍の大半が焼失。復興事業は鎌倉時代に入って重源上人らにより進められたが、永禄10年(1567)の戦火で再び大仏殿を含む諸伽藍が焼失する。元禄5年(1692)にようやく大仏が修復され、宝永6年(1709)に大仏殿が落成した。

境内は野球場が約50も入るほど広大で、絵になる絶景ポイントも多い。時間があれば大仏殿の裏から二月堂に向かう裏参道も歩きたい。土塀に囲まれ、いにしえの風情が漂う。

MAP 付録P.7 D-1

☎0742-22-5511 所奈良市雑司町406-1 開境内自由、大仏殿7:30〜17:30(11〜3月8:00〜17:00)、法華堂・千手堂8:30〜16:00、 東大寺ミュージアム9:30〜17:30(11〜3月は〜17:00) 休無休 料大仏殿600円、千手堂600円、法華堂600円、東大寺ミュージアム600円、大仏殿と東大寺ミュージアムの共通券1000円 交奈良交通バス・東大寺大仏殿・春日大社前下車、徒歩5分 P周辺駐車場利用(有料)

東大寺

東大寺 主な行事や法要

1月7日　修正会（しゅしょうえ）
正月の法会で大仏殿で行われる。悔過により安泰を願う

3月1～15日　修二会 本行（しゅにえ）
国家安泰や人々の幸せを祈願、大松明が舞いお水取りの儀式も

4月8日　仏生会（ぶっしょうえ）
大仏殿前の花御堂の誕生仏に甘茶を注ぎ、参拝客にも振る舞う

5月2・3日　聖武天皇御忌・山陵祭（しょうむてんのうぎょき・さんりょうさい）
聖武天皇の御忌法要で、練り行列や舞楽、献茶式が行われる

8月7日　大仏さまお身拭い（みぬぐ）
早朝から約120人ほどが経を唱え、大仏を拭き清める

8月15日　万灯供養会（まんとうくようえ）
大仏殿の周囲に約1万の灯明がともり、大仏正面の観相窓が開く

9月17日　十七夜盆踊り（じゅうしちや）
二月堂で万灯明をともし、河内音頭・江州音頭での盆踊りを開催

巧みな建築技術と数々の国宝が1300年の歴史と文化を物語る

見どころも ご利益もしっかりチェック!!

東大寺の諸堂を巡る

巨大な南大門や大仏殿以外にも、境内には国宝建造物が点在。山裾の道を南へ行くと、春日大社のほうへ出られる。

こちらも訪れたい

転害門 国宝

てがいもん

境内の西北にある三間一戸の八脚門で、創建当時の姿をとどめる唯一の遺構。鎌倉時代に改修されているが、天平時代の建物であることに変わりない。

1 南大門 国宝

なんだいもん

国内最大の山門と金剛力士像

高さ25mを超える国内最大の山門。創建は天平時代だが、平安時代に大風で倒壊し、現在の門は鎌倉時代に再建されたもの。建仁3年(1203)に仁王像とともに竣工した。

門に控える金剛力士像 注目ポイント

運慶・快慶ら名仏師たち二十数名が70日間で彫り上げた。左が阿形像、右が吽形像で、通常とは逆の配置である。ともに高さ約8.4mで日本最大の木彫像だ。

金剛力士像の詳細は➡P.86

宋から建築様式を取り入れた「大仏様(だいぶつよう)」という様式で、入母屋造りの五間三戸二重門

通常は公開されていないが戒壇堂の工事にともない、2023年まで特別公開されている(予定)

2 千手堂

せんじゅどう

あらゆるものを救う菩薩を本尊とする

戒壇堂の西側、鎌倉時代後期に圓照上人により建造された建物。本尊は厨子に収められた鎌倉時代作の千手観音菩薩立像で、ほかに菩薩を囲む四天王立像や鑑真和上座像、愛染明王座像が安置されている。

こちらも訪れたい

東大寺ミュージアム

とうだいじミュージアム

東大寺総合文化センター内にある。奈良時代の創建から江戸期までの彫刻・絵画・書跡・工芸などの寺宝を展示。特に第1室と第2室には奈良・平安時代の貴重な文化財が並ぶ。

転害門
正倉院
大仏池(二ツ池)
講堂跡
二月堂湯屋
大湯屋
二月堂参籠所
千手堂
勧進所
③大仏殿
上之坊
開山堂
④二月堂
指図堂
阿弥陀堂
俊乗堂
行基堂
⑤法華堂
②
八幡殿
公慶堂
鐘楼
念仏堂
三昧堂(四月堂)
戒壇堂(工事中)
八角燈籠
観音院
法華堂経庫
西楽門
東楽門
手向山八幡宮
中門
西塔跡
鏡池
東塔跡
勧学院
若草山、春日大社
真言院
東大寺寺務所
白蛇川
東大寺ミュージアム
寧楽美術館
天皇殿
本坊経庫
奈良春日野国際フォーラム(別館)
収蔵庫
依水園
吉城園
①南大門
東大寺
東大寺大仏殿・春日大社前バス停
N
0 100m

3 大仏殿 国宝
だいぶつでん

世界最大級の木造伝統建築

現在のものは宝永6年(1709)に再建。創建時より正面幅が29m短くなったが今も世界最大級の木造建築だ。元日と万灯供養会には正面の観相窓から大仏の顔を拝める。

盧舎那仏坐像の詳細は ➡ P.86

盧舎那仏坐像は高さ約15m、顔幅約3.2m、手のひらの大きさ約2.5m

正式には東大寺金堂という。創建から2度焼失したが、それぞれ鎌倉と江戸時代に再建された

注目ポイント

大仏殿右手のびんずる様

赤い衣を身につけた木製の像で、別名「撫で仏」とも呼ばれる。体の悪い部位と同じところを撫でると、その病気が治ると信じられている。賓頭盧尊者は釈迦の弟子の一人。

大仏殿前の金銅八角燈籠

国内最大の鋳銅製燈籠で国宝。創建時に作られ、笛や笙を手にした音声菩薩の浮彫文様が描かれているが、東北面のものは複製でオリジナルは東大寺ミュージアムに展示されている。

柱の穴をくぐる

大仏殿の柱のひとつに、大仏の鼻の穴と同じ大きさだという穴が開いている。無事にくぐり抜けると頭がよくなるといわれている。穴の大きさは大人には小さめ。実際に柱をくぐっているのは子どもや修学旅行生たちの姿が目立つ。

4 二月堂 国宝
にがつどう

修二会が行われる国宝のお堂

名前の由来は旧暦2月に「修二会(お水取り)」が行われるため。江戸時代に焼失、すぐに再建された。大観音・小観音の絶対秘仏を納める。

大仏殿の東側の高台に建っている

舞台からは奈良市街を一望できる

修二会の「お松明」とクライマックスの「お水取り」

3月1～14日の修二会本行の間、舞台で毎晩「お松明」が上げられる。「お水取り」は若狭井という井戸からお香水を汲み上げる、修二会の儀式のひとつで、この夜は「お松明」の規模が大きくなる。

お水取り
3月12日深夜(3月13日未明)

5 法華堂 国宝
ほっけどう

東大寺最古のお堂

東大寺創建以前からあった金鐘寺の遺構といわれる。旧暦3月に法華会が行われたことから三月堂とも。国宝仏を多数安置。

奈良・鎌倉時代の建築が融合

こちらも訪れたい

手向山八幡宮
たむけやまはちまんぐう

天平勝宝元年(749)、大仏完成と同年に九州豊前国(現在の大分県)の宇佐八幡宮より、東大寺守護の神として迎えられた。現在の地に遷ったのは鎌倉時代。手向山は紅葉の名所としても知られる。

猿沢池越しの五重塔が歴史を語る

興福寺

こうふくじ

世界遺産

日没後から22時まで五重塔と猿沢池の柳がライトアップされ、昼とは違った幽玄な景色が

奈良を代表する五重塔と国宝美術 1300年の歳月が生む古都の気品

天智天皇8年(669)、藤原鎌足の妻・鏡王女が京都山科に建てた山階寺が起源。飛鳥を経て平城遷都とともに現在の地に移り、藤原不比等により興福寺と名付けられた。以後、藤原氏の氏寺として栄え、奈良時代には四大寺のひとつに数えられた。だが治承4年(1180)、平氏による焼き討ちでほぼ全焼する。その後も被災と再建を繰り返した。室町時代に再建された五重塔は現在も奈良のシンボルだ。有名な仏像が多く、特に国宝や重要文化財が充実する国宝館はぜひ拝観したい。

MAP 付録P.8A-2

☎0742-22-7755 所奈良市登大路町48 開境内自由、東金堂・国宝館9:00〜17:00(入館は〜16:45) 休無休 料東金堂300円、国宝館700円、東金堂と国宝館の共通券900円、中金堂500円 交近鉄奈良駅から徒歩5分 Pあり(有料)

国宝館

こくほうかん

白鳳から鎌倉時代の美を愛でる

千手観音菩薩像をはじめ、有名な阿修羅像など30を超える国宝や重要文化財を含む多数の至宝を展示。鎌倉時代の運慶らの仏像も。貴重な仏像をガラスケースなしで見ることができる。LEDを使った照明も巧み。

阿修羅像、龍燈鬼立像の詳細は➡P.84・88

↑かつての僧侶の食事処・食堂(じきどう)の跡地に建つ

➡国宝館に展示されている阿修羅像

興福寺
大宮通
369
県庁前
近鉄奈良駅
北参道
国宝館
北円堂
仮講堂
中金堂
本坊
一言観音堂
中門跡
南円堂
三重塔
東金堂
柳茶屋
JR奈良駅
五重塔
南大門跡
春日大社
三条通
菩提院大御堂
采女神社
五十二段
猿沢池
ならまち
N
0
50m

東金堂 国宝

とうこんどう

国宝館に次いで多くの至宝の仏像を安置

神亀(じんき)3年(726)に聖武(しょうむ)天皇によって建立。以後5度焼失し、現在のものは応永(おうえい)22年(1415)の再建だが、奈良時代の雰囲気を伝える。十二神将立像など国宝や重文の仏像を数多く安置している。

創建当時は緑色のタイルが床に敷きつめられていた

中金堂

ちゅうこんどう

1300年の時を経て創建当時の姿を復元

中金堂はかつて3つあった金堂の中心で、創建以来7度の火災に遭った。江戸期に再建された仮堂が老朽化したため、発掘調査に基づいて創建当初の姿で復元。2018年に落慶。

内部には本尊の釈迦如来坐像を中心に国宝の四天王立像などが安置されている

現存する国内の八角円堂では最も美しいとも
(写真提供:奈良市観光協会)

北円堂 国宝

ほくえんどう

春と秋に特別開帳も

藤原不比等(ふじわらのふひと)の一周忌にあたる養老(ようろう)5年(721)8月に創建、承元(じょうげん)4年(1210)頃に再建。平安時代の四天王立像や運慶らによる仏像を安置。

注目ポイント

無著(むじゃく)・世親(せしん)立像

唯識教学を確立した無著と世親の影像で、鎌倉時代に運慶の指導のもと、制作された。写実性と量感を併せ持ち、鎌倉肖像彫刻の最高傑作ともいわれている。

五重塔は興福寺のシンボル。高さは50.1mあり、国内の古塔では京都東寺の五重塔に次いで2番目に高い

五重塔 国宝

ごじゅうのとう

奈良のランドマーク

天平(てんぴょう)2年(730)に藤原(ふじわら)不比等(ふひと)の娘・光明(こうみょう)皇后が建て、5度の火災ののち応永(おうえい)33年(1426)に再建。猿沢池から望む姿は古都奈良の象徴。

南円堂 重文

なんえんどう

国宝秘仏を多く安置

西国三十三所観音霊場の第9番札所。弘仁(こうにん)4年(813)創建。地鎮の儀式に空海(くうかい)も関わった。

特別開扉は毎年10月17日

三重塔 国宝

さんじゅうのとう

軽やかさがある塔

康治(こうじ)2年(1143)創建、鎌倉時代再建の、寺内最古の建物のひとつ。7月7日の弁才天供(べんざいてんく)に開扉。

高さ19mの優美な古塔

町家が連なる古都風情の街並みへ

ならまちをぶらり散歩

入り組んだ路地を歩けば、古都らしい風景に出会う

古い街並みに名刹や人気のお店が点在し、老若男女問わず人気のエリア。コンパクトなので気軽に歩ける。

START&GOAL
近鉄奈良駅
奈良町情報館
元興寺 7
収蔵庫
ならまち工房II
nakki P.40
French o・mo・ya 奈良町 P.39
福智院町
ならまち工房III
カナカナ P.39
ならまち工房
1 奈良町資料館
庚申堂 2
元興寺
元興寺小塔院跡
6 今西家書院
興善寺
3 御霊神社
十輪院 5
P.38 茶房 暖暖
徳融寺
聖光寺
元興寺局
Bon appetit めしあがれ P.38
金躰寺
4 ならまち格子の家
P.40 鹿の舟
N
0 100m
169

世界文化遺産に登録された元興寺を中心とした古き良き街角を散策する

奈良時代に平城京の外京として整備された奈良町。中世以降、元興寺の門前町として栄え、江戸時代以降に建てられた町家がそのままの姿を残す地区だ。1980年代に「まちづくり」が始まり、古刹・旧跡だけでなく町家を改装した店舗が並ぶ人気エリアとなった。古都ならではの風情が感じられる街並みは、のんびりと歩いてまわるだけでも楽しめる。

1 奈良町資料館 ならまちしりょうかん

MAP 付録P.9 E-3

ならまちの私設資料館

昔懐かしい生活用具や美術品、仏像などを展示。宝徳3年(1451)に焼失した元興寺のものを再建した吉祥堂もある。身代わり申のお守りも販売している。

☎0742-22-5509
所奈良市西新屋町14 開10:00〜16:00
休火〜木曜(祝日除く) 料入館無料
交近鉄奈良駅から徒歩15分 Pなし

江戸時代の絵看板も展示されている

青面金剛の使いのサルをかたどった身代わり申。背中に願い事を書いて吊るすと願いが叶うといわれている

2 庚申堂 こうしんどう

MAP 付録P.9 E-3

庚申さんと親しまれるお堂

奈良の庚申信仰の拠点で、青面金剛像を祀る。堂内には、災いを代わりに受けてくれるという身代わり申が吊るされている。

☎なし 所奈良市西新屋町 開休料境内自由 交近鉄奈良駅から徒歩15分 Pなし

3 御霊神社 ごりょうじんじゃ

MAP 付録P.9 E-2

ならまちの中心に位置する

延暦19年(800)、桓武天皇の勅願によって創祀されたという由緒ある神社。現在は縁結びのパワースポットとしても人気を集めている。

☎0742-23-5609 所奈良市薬師堂町24 開10:00〜16:00 休無休 料無料 交近鉄奈良駅から徒歩15分 Pなし

平和、商売繁盛の神として信仰されてきた

えんむすびの神

境内にある縁結びで人気の出世稲荷神社

中庭は通風や採光の役割を果たしている

4 ならまち格子の家
ならまちこうしのいえ

MAP 付録P.9 F-2

うなぎの寝床と表現される町家

近世の奈良町に数多く建てられた伝統的な町家を再現。箱階段や土間、中庭などに特徴がよく表れており、当時の生活の様子を体感できる。散策中の休憩所としてもおすすめの場所だ。

休憩スペースもありくつろげる

☎0742-23-4820 所奈良市元興寺町44 開9:00～17:00 休月曜(祝日の場合は翌日)、祝日の翌平日 料無料 交近鉄奈良駅から徒歩18分 Pなし

国宝に指定されている本堂

5 十輪院
じゅうりんいん

MAP 付録P.9 E-1

珍しい石仏が残る寺院

花崗岩の切石を積み上げた、日本では珍しい石仏龕(がん)がある。中には地蔵菩薩像、釈迦如来像、弥勒菩薩像などが彫られている。

☎0742-26-6635 所奈良市十輪院町27 開8:00～17:00(本堂拝観10:00～16:30) 休HPを参照 料500円 交近鉄奈良駅から徒歩20分 P10台

6 今西家書院
いまにしけしょいん

MAP 付録P.9 E-1

室町時代の書院造りが残る

造り酒屋の今西家が所有する書院造りの遺構。重要文化財の書院ではお茶や季節のお菓子をいただける。

優美な檜皮葺きの屋根

☎0742-23-2256 所奈良市福智院町24-3 開10:30～16:00(LO15:30) 休月～水曜 料400円(喫茶は別途) 交近鉄奈良駅から徒歩15分 Pなし

7 元興寺 世界遺産
がんごうじ

MAP 付録P.9 D-2

南都七大寺のひとつ

奈良時代には東大寺などと並ぶ勢いを誇った。世界文化遺産に登録されている。

➡P.41

屋根には創建当初の瓦も残る

移動時間 ◆ 約1時間
散策ルート

- 近鉄奈良駅 きんてつならえき
- 東向商店街、もちいどのセンター街を南下する。徒歩15分
- 1 奈良町資料館 ならまちしりょうかん
- まずはならまちの歴史や文化について学ぶ。徒歩すぐ
- 2 庚申堂 こうしんどう
- 庚申堂は奈良町資料館のすぐそばにある。徒歩4分
- 3 御霊神社 ごりょうじんじゃ
- このあたりは細い路地に町家が点在。徒歩5分
- 4 ならまち格子の家 ならまちこうしのいえ
- 近くの鹿の舟(P.40)にも立ち寄りたい。徒歩8分
- 5 十輪院 じゅうりんいん
- 周辺には人気の町家レストランやカフェも。徒歩6分
- 6 今西家書院 いまにしけしょいん
- 今西家書院ではお茶と和菓子で休憩もできる。徒歩7分
- 7 元興寺 がんごうじ
- 行きとは違う道を通って帰ってもいい。徒歩12分
- 近鉄奈良駅 きんてつならえき

ならまちの情報はここで

観光案内の拠点。名所・旧跡やお店の情報を入手できる。

奈良町情報館
ならまちじょうほうかん

MAP 付録P.9 D-2

☎0742-26-8610 所奈良市中院町21 営10:00～17:00 休木曜(祝日の場合は開館、臨時休あり) 交近鉄奈良駅から徒歩13分 Pなし

奈良県の特産品販売も行っている

スタイリッシュに、町家レストラン&カフェ

ならまち 古民家のテーブル

古い家屋をリノベーションした飲食店がならまちでは大人気。
町家には和だけでなく、洋風の調度も不思議とよく似合う。
こだわりの空間で美食を堪能し、ひと息つきたい。

店内は靴を脱いで上がる(Bon appetit めしあがれ)

今注目の大和野菜をフレンチで堪能

Bon appetit めしあがれ

ボナペティ めしあがれ

MAP 付録P.9 E-1

フランス料理

築90年以上経つ町家を改装したフレンチレストラン。奈良県内農家の多彩な大和野菜を主役に、自家製の燻製などオードブルが自慢。肉・魚のメインにも旬野菜がたっぷり添えられる。

☎0742-27-5988
所 奈良市十輪院町1
営 12:00～14:30(LO)
18:00～20:30(LO)
休 不定休 交 奈良交通バス・福智院町下車、徒歩3分 P なし

予約 要
予算 Ⓛ7000円～
Ⓓ1万円～
(税・サービス料込)

おすすめメニュー
ランチコース5000円～
ディナーコース 8000円～

奈良の契約農家から届く野菜や自家製の燻製など充実の冷製オードブル

ならまちの一角、十輪院の向かい

予約 不要
予算 Ⓛ1485円～

中庭を望むレトロな座敷席

歴史ある町家で味わう小豆茶の茶粥

茶房 暖暖

さぼう のんのん

MAP 付録P.9 E-3

カフェ

文政12年(1892)築の商家の昔ながらのたたずまいを残す茶房。コンロで保温しながらいただく茶粥はほうじ茶と体調を整えるという小豆茶から選べ、岩塩や大和茶葉なども添えられる。自家製のきび砂糖入りわらび餅も好評。

古色を帯びた奈良格子も趣深い

小豆茶の茶粥御膳。奈良漬や佃煮の皿とのっぺい汁にわらび餅も付く

おすすめメニュー
小豆茶の茶粥御膳 1595円
黒糖入りわらび餅(お茶セット) 660円

☎0742-24-9081
所 奈良市西新屋町43奈良オリエント館内 営 11:30(土・日曜、祝日11:00)～14:00 休 月曜(祝日の場合は営業)
交 近鉄奈良駅から徒歩15分 P なし

歴史を感じる和空間で美食を堪能

French o・mo・ya 奈良町

フレンチ オモヤ ならまち

MAP 付録P.9 D-1

創作料理

江戸末期の町家を改装した空間で、食材を生かした創作料理を楽しめる。野菜、肉、魚をバランスよく使った料理を、昼夜ともにコース料理でいただける。昼は手頃なランチプレート2420円も提供している。

☎0742-21-7500
所 奈良市公納堂町11 営 11:30〜13:30(LO) 17:30〜19:30(LO) 休 月曜 交 近鉄奈良駅から徒歩15分 P 4台

↑庭に面した座敷の椅子席に蔵の間も

おすすめメニュー
お昼の御献立 4200円
ランチプレート 2420円
夜の御献立 6800円

予約 Ⓛ望ましい Ⓓ望ましい
予算 Ⓛ2420円 Ⓓ6800円

↑ランチはお昼の御献立とランチプレートとセットランチの3種類を提供。夜はコース料理のみ

↑週替わりで5〜6品の小鉢にご飯と味噌汁、ドリンクが付くカナカナごはん。終日提供している

ならまちブームの先駆け
行列必至の古民家カフェ

カナカナ

おすすめメニュー
カナカナごはん 1595円
えびのカレー 1045円
焼きプリン 440円

MAP 付録P.9 D-1

カフェ

目にもおいしいさまざまな小鉢が並ぶカナカナごはんを目当てに、ランチタイムには行列ができる人気カフェ。カレーやプリンなどのスイーツもおすすめで、ノスタルジックな古民家の座敷で思わず長居したくなる。

☎0742-22-3214
所 奈良市公納堂町13
営 11:00〜18:30(LO)
休 月曜(祝日の場合は翌日)
交 近鉄奈良駅から徒歩15分
P なし

予約 不可
予算 ⓁⒹ1300円〜

↑靴を脱いでくつろげる座敷に、土間にはテーブル席も用意

ならまち 注目のスポット

街の「素敵」に出会う

ならまちの立ち寄りたくなる人気の複合施設やお店を紹介。モダンな感性が古い街並みに溶け込んだセンスの良い空間。

施設内には水田もあり四季を感じさせる

鹿の舟

しかのふね

MAP 付録P.9 F-2

くつろぎながら奈良情報もキャッチ

くるみの木がプロデュースする、観光情報や生活文化を発信する複合施設。風情ある街並みが残る奈良町散策の楽しみ方や、周辺のお店の情報なども入手できる。日本の伝統的なかまどで炊いたご飯が楽しめる食堂やグローサリー、ティールームも併設。

所 奈良市井上町11
交 近鉄奈良駅から徒歩20分
P 周辺駐車場利用(有料)

繭 まゆ

奈良町南観光案内所として、奈良の観光のおすすめなどさまざまな情報を発信。大正初期に建てられた建物は和洋折衷の趣あるしつらえで、読書室や蔵を利用した展示室も必見。

☎0742-94-3500 開9:00～17:00
休無休 料無料

読書室。奈良や伝統文化などの本1000冊以上が閲覧可

邸宅として使われていた趣ある建物

竈 かまど

かまどで炊き上げたご飯に、奈良の食材を使ったおかずがセットになった定食が楽しめる。おすすめの奈良の食材や台所道具なども販売されている。

☎0742-94-5520 営11:00～16:00(食事は～15:00、なくなり次第終了) 休水曜

おかずと味噌汁がセットになった昼の定食2000円～

目の前のかまどで炊き上げるご飯も自慢

囀 さえずり

敷地内にあるティールーム。開放的な空間で、緑に囲まれたのどかな風景を眺めながら、のんびりと落ち着ける。奈良の食材や季節の果物を使ったデザートやドリンクでゆったりくつろいで。

☎0742-94-9700 営12:00～17:00(LO16:30) 休水曜

大和茶をたっぷり使ったバスクチーズケーキ715円

大きな窓から光が差し込む開放的な空間

茶論 奈良町店

さろん ならまちてん

MAP 付録P.8 C-3

ならまちで茶道文化に出会う

茶道具をルーツに持つ中川政七商店が茶道文化の入口を広げるために始めたブランド。季節のお菓子と選りすぐりのお茶が愉しめるほか、季節の茶会なども開催される。本格的なお茶の文化に気軽にふれることができる。

☎0742-93-8833 所奈良市元林院町31-1
営10:00～19:00(LO18:30) 休不定休
交近鉄奈良駅から徒歩7分 Pなし

閑けさに包まれて、ほっとひと息つける場所

喫茶メニュー「自点て(じだて)」で、気軽にお茶を点てる体験もできる

喫茶では、季節に合わせた甘味とともにお茶をいただく

スタッフが目の前でお茶を点てる「濃茶ラテ」など、テイクアウトメニューも充実

nakki

ナッキ

MAP 付録P.9 D-1

乙女心をつかむ愛らしい刺繍アイテム

町家を改装した複合型店舗「ならまち工房Ⅲ」にある刺繍アクセサリーと雑貨のお店。作家の原田奈月氏が手作りするアイテムはどれもワクワクするようなかわいさが。キュートなイラストのポストカードも人気。

☎非公開 所奈良市公納堂町12(ならまち工房Ⅲ) 営11:00～17:00 休月・水曜 交近鉄奈良駅から徒歩15分 Pなし

刺繍のピアス2800円～。ポストカードは150円

浮図田には中世から江戸期にかけての石塔や石仏が並び、四季の花々が供養花のように咲き誇る

周辺に残るかつての元興寺の遺構

元興寺の南、現在の芝新屋町に、五重塔の塔跡や観音堂の遺構を残すもう一つの元興寺がある。また西新屋町には、「元興寺小塔院跡」がある。ここは奈良時代に光明皇后の発願で建立された西小塔院の一部で、現在は元興寺法輪館に収蔵されている国宝・五重小塔が安置されていたとも伝わる。

ならまちにたたずむ往古の官大寺

元興寺

がんごうじ

世界遺産

日本最古の寺として飛鳥の地より移建
無数の石仏が篤き庶民信仰を物語る

奈良時代の南都七大寺のひとつ。壮大だった伽藍は一部を残すのみだが、重厚な堂宇と文化財が歴史を伝える。

前身は日本最古の寺院である飛鳥の法興寺で、平城遷都により現在の地に移された。当時の伽藍は今のならまちを含む猿沢池の南西部一帯を占めていたが、平安中期には衰退する。だが現在の本堂である極楽堂の智光曼荼羅には極楽往生を願い多くの人々が集まった。境内の浮図田には、寺や周辺から見つかった石塔や石仏約1500基が祀られ、毎年8月23～24日の地蔵会万灯供養には灯明皿に灯りがともされる。

MAP 付録P.9 D-2

☎0742-23-1377　所 奈良市中院町11
開 9:00～17:00(入場は～16:30)　休 無休　料 500円
交 近鉄奈良駅から徒歩12分　P 10台

極楽堂　国宝

ごくらくどう

極楽浄土へ導く曼荼羅

かつての東室南階大房の一部で、奈良時代に描かれた智光曼荼羅を本尊としたため、その名の由来に。南都の浄土教発祥の聖地だ。

本堂には智光曼荼羅が祀られる

禅室　国宝

ぜんしつ

鎌倉時代の最新様式

当初は僧坊として極楽堂と続き、空海も起居した。鎌倉時代に改築されたが、奈良時代以前の古材も再利用されている。

建築様式は鎌倉期の大仏様

注目ポイント

古式な屋根瓦

屋根瓦の一部には飛鳥時代の古瓦が使われている。わかりやすいのは禅室の東南隅、極楽堂西側の丸瓦。

東門　重文

ひがしもん

極楽浄土への正門

応永18年(1411)に東大寺西南院から移建。鎌倉時代風の風格ある四脚門。

元興寺

受付横に建つ

中門・御廊 重文
ちゅうもん・おろう

神域を隔てる聖なる門

中門の高さは10mで、唐破風(からはふ)は明治時代に取り付けられたもの。中門の左右に延びる御廊はそれぞれ長さが13mある。

↑本殿の手前に建つ中門。通常はここから参拝する

朱塗りの社殿が神山の緑に映える

春日大社 世界遺産
かすがたいしゃ

千古の森に鎮座する朱色の社殿に3000の燈籠
1300年の文化が薫る全国の春日神社の総本社

起源は平城京誕生の頃に遡る古社。古来崇敬されてきた御蓋山(みかさやま)(春日山(かすがやま))を背後にいただき、奈良のシンボルである鹿を神の使いとする。

平城遷都の頃、国の鎮護のために鹿島から武甕槌命(たけみかづちのみこと)を神山である御蓋山(春日山)に招き、さらに経津主命(ふつぬしのみこと)、天児屋根命(あめのこやねのみこと)、比売神(ひめがみ)を迎え、神護景雲(じんごけいうん)2年(768)に称徳(しょうとく)天皇の勅命により左大臣藤原永手(ふじわらのながて)が現在の地に社殿を造営した。約30万坪の広大な境内には鮮やかな朱塗りの社殿ほか62の摂社・末社、約3000もの燈籠、国宝や重文を収めた国宝殿など見どころが多い。20年ごとに式年造替も行なわれる。

MAP 付録P.7 E-2

☎0742-22-7788 所奈良市春日野町160 開6:30〜17:30 11〜2月7:00〜17:00 休無休 料境内無料、御本殿特別参拝500円 交奈良交通バス・春日大社本殿下車すぐ P100台(有料)

回廊 重文
かいろう

丹塗りに1000の釣燈籠

治承(じしょう)3年(1179)の建築で、連子窓で中央を仕切った複廊形式の珍しい構造。内側にはいにしえより奉納された釣燈籠約1000基が並ぶ。

節分と中元の万燈籠

19時頃から境内にある石燈籠と釣燈籠計3000基すべてに明かりが灯り幻想的だ。

万燈籠
節分、8月14・15日

↑社殿を取り囲む丹塗りの回廊。並ぶ釣燈籠には有名武将が奉納したものも

若草山、東大寺
春日大社
一言主神社
御祈祷所
藤浪之屋
風宮神社
本殿
宝庫
春日大社本殿
貴賓館
酒殿
中門・御廊
国宝殿
内侍殿
御蓋山浮雲峰遥拝所
直会殿
社務所
幣殿・舞殿
回廊
南門
表参道
一之鳥居、鹿苑
車舎
二之鳥居
ささやきの小径
春日若宮
夫婦大國社
N
0 50m

式年造替

本殿など社殿の造り替えや修繕を行う神事で、創建以来ほぼ20年に一度行われてきた。次世代に技術や信仰を伝え継ぐ行事でもある。第六十次は2007年の一之鳥居から始まり、2016年11月6日の正遷宮をもって完了した。

南門 重文

なんもん

本殿の正面玄関

高さ12mの境内最大の門で大社の正門にあたる。南北朝時代の再建。

南門をくぐると幣殿がある

夫婦大國社

めおとだいこくしゃ

縁結びの霊験あらたか

夫婦の大國様をお祀りした日本唯一のお社。夫婦円満や良縁のご利益あり。ハート形の絵馬と水占いも人気。

若宮十五社めぐりの受付もある

春日若宮 重文

かすがわかみや

大社の御子神を祀る

春日大社の摂社で、本社の御子神である天押雲根命(あめのおしくもねのみこと)を祀る。若宮十五社めぐりの第1番納札社。12月の「おん祭」は華やかな伝統行事。

ご神徳は正しい知恵の伝授

古来この土地の風景となってきた

奈良と鹿の物語

菓子や雑貨のモチーフにもなっている奈良の鹿は、春日大社の誕生と深い関わりがある。

若草山や奈良公園一帯に広く生息する鹿はすべて野生で天然記念物

1300年前に神の使いとして奈良の地に舞い降りた

平城遷都の頃、現在の茨城県にある鹿島神宮から武甕槌命(たけみかづちのみこと)を御蓋山(みかさやま)(春日山(かすがやま))に招いたところ、神様が白鹿の背に乗って山頂に舞い降りたという言い伝えがある。以来、鹿は神の使いとして保護されてきた。今は約1300頭が生息するとされ、すべて野生で国の天然記念物になっている。

奈良公園周辺の おすすめ鹿スポット

山頂にも鹿が生息

若草山

わかくさやま

MAP 付録P.7 F-1

古都を眺める格好の山

標高342m、別名を三笠山とも。奈良盆地を一望できる山頂には『枕草子』にも出てくる鶯塚(うぐいすづか)古墳がある。中腹からでも眺望が楽しめる。

☎0742-22-0375 所奈良市春日野町若草157 開入山は3月第3土曜～12月第2日曜の9:00～17:00 休期間中無休(入山禁止の場合あり) 料中学生以上150円、3歳～小学生80円 交奈良交通バス・東大寺大仏殿春日大社前下車、徒歩15分 P45台(無料。ただし山頂へは有料道路奈良奥山ドライブウェイを利用)

「奈良のシカ」を楽しく学びたい

鹿苑

ろくえん

MAP 付録P.7 D-3

鹿の角きりの会場にも

けがをした鹿や妊娠鹿などを保護する施設。天然記念物の「奈良のシカ」の生態がパネル展示などで学習できる。秋は恒例の「鹿の角きり」が行われるほか、6月には子鹿の特別公開も。

☎0742-22-2388(一般財団法人 奈良の鹿愛護会) 所奈良市春日野町160-1(春日大社境内) 開10:00～16:00 休月曜、行事期間中 料無料 ※協力金100円(任意) 交奈良交通バス・春日大社表参道下車、徒歩7分 Pなし

土塀が静かに語る古寺と文学

文人が愛した高畑を歩く

たかばたけ

賑やかな中心部から少し外れた、落ち着いた雰囲気が漂うエリア。文人の足跡や仏像の傑作を訪ねる。

歴史を物語る土塀が立つ静かな街並み

歴史ある名刹と、風流な街並み こだわりのカフェやショップが並ぶ

高畑町は、春日大社の南側に広がる地区。ここはかつて春日大社の神官たちが住んでいた旧社家町で、土壁に囲まれ、どこか落ち着いたたたずまいを見せる。大正・昭和時代には志賀直哉をはじめ、多くの文化人に愛された。ところどころに姿を見せる洋館もノスタルジックな雰囲気を漂わせる。散策の途中には静かなムードのカフェでくつろぐのもおすすめだ。

1 ささやきの小径

ささやきのこみち

MAP 付録P.7 E-3

かつて文化人たちが散策した

春日大社二之鳥居から志賀直哉旧居方面へと延びる静かな遊歩道。森林浴を楽しむのに最適だ。小径の両側にはアセビの木が生い茂り、春には白い花が咲き誇る。

交 奈良交通バス・破石町下車、徒歩7分

鹿やリスなど野生動物が姿を見せることも

2 志賀直哉旧居

しがなおやきゅうきょ

MAP 付録P.7 D-3

『暗夜行路』が書かれた家

志賀直哉自らが設計したという和洋中折衷住宅。モダンで広い食堂、サンルームを備え、ここに画家や文人が毎晩のように集い、「高畑サロン」と呼ばれた。

☎0742-26-6490 所 奈良市高畑町1237-2 開 9:30～17:30(12～2月は～16:30) 休 年末年始 料 350円 交 奈良交通バス・破石町下車、徒歩8分 P なし

書斎の窓からは和風庭園と若草山が望める

9年間をここで過ごした

3 新薬師寺

しんやくしじ

MAP 付録P.7 E-3

日本最古の塑像は必見

天平19年(747)、光明皇后が夫である聖武天皇の病気平癒を願って創建した寺。国宝に指定されている本堂は、唯一、創建当初からの姿を残す建物で、内部には薬師如来坐像、十二神将立像が安置されている。

☎0742-22-3736 所 奈良市高畑町1352 開 9:00～16:50 休 無休 料 600円 交 奈良交通バス・破石町下車、徒歩13分 P 10台

静かでこぢんまりとした庭

なだらかな曲線を描く屋根が美しい本堂

十二神将立像 伐折羅大将の詳細は ➡P.88

立ち寄り

空気ケーキ。
くうきケーキ。

空気のようにふわふわなクリームをサンドした、形も楽しい空気ケーキが人気。奈良産の食材に古都華いちごなど季節のフルーツを使ったスイーツも多彩。

MAP 付録P.7 D-3

☎0742-27-2828 所奈良市高畑町738-2ふれあい会館1F 営9:00〜18:00、イートイン10:00〜17:30(LO17:00) 休火・水曜 交奈良交通バス・破石町下車すぐ P8台

↑スポンジ生地に牛乳ムースとつぶ餡を挟んだプレーン216円(右)、抹茶303円(左)

↑緑に囲まれたカフェ。テラス席もある

4 福智院
ふくちいん

MAP 付録P.9 E-1

地蔵信仰の霊場

聖武天皇の世に玄昉が創建した清水寺を前身とする。本尊の地蔵菩薩坐像は像高2.73mという堂々たる姿。光背にも無数の像が取り付けられている。

☎0742-22-1358 所奈良市福智院町46 開9:00〜16:30(受付は〜16:00) 休不定休 料500円(特別拝観時は+100円) 交奈良交通バス・福智院町下車、徒歩3分 Pなし

←本堂は天竺様を用いたお堂だ

散策ルート
移動時間◆約45分

春日大社 二之鳥居 かすがたいしゃにのとりい

↓ 二之鳥居は春日大社の表玄関にあたる鳥居。 徒歩5分

1 ささやきの小径 ささやきのこみち

↓ 木々に囲まれた散策路をゆっくりと歩く。 徒歩5分

2 志賀直哉旧居 しがなおやきゅうきょ

↓ 道の片側は林になっていて気持ちがいい。 徒歩10分

3 新薬師寺 しんやくしじ

↓ このあたりの通りには土塀が残っている。 徒歩20分

4 福智院 ふくちいん

↓ バス停はすぐ。歩きでならまちに抜けてもいい。 徒歩3分

福智院町バス停 ふくちいんちょう

荒池
浮見堂
鷺池
東大寺
START
春日大社 二之鳥居
1 ささやきの小径
奈良ホテル P.97
瑜伽山
瑜伽神社
KKR奈良みかさ荘
奈良ホテル
万葉荘
高畑町
志賀直哉旧居 2
GOAL
福智院北
福智院町
ウェルネス飛鳥路
破石町
空気ケーキ。
ならまち、JR奈良駅
4 福智院
高畑局
新薬師寺 3
不空院
香薬師堂
169
飛鳥公民館
超願寺
P.95 入江泰吉記念奈良市写真美術館
鏡神社
飛鳥小
高畑町
奈良教育大附属小
紀寺町
奈良教育大
N
0
100m

←春日大社の二之鳥居の近くにささやきの小径の出入口がある

スケールの大きな寺院や宮跡が見どころ

西ノ京・佐保路・佐紀路

にしのきょう・さほじ・さきじ

入堂口

西ノ京は薬師寺と唐招提寺が中心。多くの史跡と美しい自然が楽しめる佐保路・佐紀路にも足を延ばしたい。

色鮮やかな堂宇に美しい仏像を安置

薬師寺

やくしじ

世界遺産

青空に映える青丹の色彩と古寺の風格 竜宮造りと謳われた華麗なる白鳳伽藍

法相宗大本山のひとつである大寺院。伽藍は昭和になって復興が進んだ。薬師三尊像など見事な国宝仏がある。

天武天皇9年(680)、皇后(のちの持統天皇)の病気平癒のため、天武天皇の発願で藤原京に造営され(現在の本薬師寺跡)、平城遷都後の養老2年(718)に今の地に移転した。火災や災害などにより創建時の建物は東塔のみだが、「竜宮城のよう」と讃えられた壮麗な伽藍は往時のままを思わせる。昭和43年(1968)に復興のためのお写経勧進が始められ、金堂を皮切りに次々と伽藍が復興された。国宝や大壁画など文化財も必見。夏は境内に蓮の池が咲き誇る。

MAP 付録P.11 E-3

☎0742-33-6001 所奈良市西ノ京町457 開8:30～17:00(入場は～16:30) 休無休 料1100円(2023年4月28日～2024年1月15日)、特別共通割引券1600円(西僧坊、食堂含む) 交近鉄・西ノ京駅から徒歩3分 P127台(有料)

東院堂

とういんどう

国宝

鎌倉後期を代表する和様建築

養老年間(717～724)に元明天皇の冥福を祈り建立、鎌倉時代に南向きで再建されたが、享保18年(1733)に西向きに変えられた。白鳳彫刻の粋とされる国宝・聖観世音菩薩像を安置。

聖観世音菩薩像の詳細は➡P.85

↓東院堂は東回廊の外側に建っている

金堂

こんどう

白鳳伽藍の華やかさを伝える

享禄元年(1528)の戦火で焼失したため豊臣家が仮堂を建てたが、400年近く再建されず仮堂のままだった。昭和に入って行われた復興事業により昭和51年(1976)に落慶。本尊に国宝の薬師三尊像を安置。

薬師三尊像の詳細は➡P.85

大講堂

だいこうどう

スケールの大きさに圧倒

平成15年(2003)復興。間口41m、奥行き20m、高さ17mあり、伝統工法を用いた復元建築では最大級。国宝の仏足石や重文の弥勒三尊像を安置。

↓古代には講堂のほうが金堂より大きかった

薬師寺
唐招提寺
玄奘三蔵院
経蔵
玄奘塔
まほろば会館
薬師寺
礼門
お写経道場
本坊寺務所
地蔵院
西ノ京駅
與楽門
北受付
不動堂
食堂
西僧坊
東僧坊
大講堂
鐘楼
西ノ京駅
金堂
西回廊
東回廊
西塔
東塔
近鉄橿原線
中門
東院堂
観音池
南門
龍王社
若宮社
弁財天
南受付
孫太郎稲荷神社
薬師寺休ヶ岡八幡宮
九条駅
N
0
50m

東塔 国宝
とうとう

移転当時から残る唯一の建物

天平2年(730)に建立された寺内最古の建造物。長い年月の傷みを修繕するため、2020年まで解体修理が行われた。リズミカルな屋根の重なりから「凍れる音楽」と評される。

注目ポイント

連子窓の緑色

西塔と東塔の違いのひとつに連子窓の色がある。本来は西塔のように青(緑)色をしていて、古代建築の特徴でもある。

西塔
さいとう

朱塗りに緑の連子窓が色鮮やか

金堂とともに享禄元年(1528)に焼失、昭和56年(1981)に復興された。初層には中村晋也氏作、釈迦四相像が祀られている。

➡軒下に裳階(もこし)を付けた三重塔。釈迦四相像を祀る

こちらも訪れたい

薬師寺休ヶ岡八幡宮
やくしじやすみがおかはちまんぐう

薬師寺の南門すぐにある鎮守。大分県宇佐から勧進した八幡神を祀るため平安前期の寛平年間(889～898)に建てられた。現在の建物は慶長8年(1603)のもの。

玄奘三蔵院
げんじょうさんぞういん

玄奘三蔵の頂骨を祀るお堂

1991年に建立。玄奘は『西遊記』の三蔵法師のモデルとなった僧侶で法相宗の始祖にあたる。北側の大唐西域壁画殿には平山郁夫画伯が奉納した壁画が祀られている。

⬇玄奘の決意を表した「不東」の扁額を掲げる

平成の大修理を終えて耐震耐用性が増した金堂

今も鑑真の想いと天平文化が息づく寺

唐招提寺
とうしょうだいじ

世界遺産

天平の至宝がたたずむ鑑真ゆかりの戒律道場

唐から招かれた鑑真が、志のある誰もが戒律を学べる道場をと、天平宝字3年(759)に開いたのが始まり。創建時は下賜された新田部親王の旧宅地に開基した私寺だった。当初は平城宮から移築した建物を改造した講堂のほか宝蔵・経蔵があるだけだったが、皇族などからの寄進により伽藍が造られた。なかでも金堂は、現存する最大の天平建築といわれる。また、御影堂に納められていた国宝・鑑真和上像は現存する最古の肖像彫刻だ。蓮池には唐よりもたらされた品種もある。

MAP 付録P.11 E-3

☎0742-33-7900 所奈良市五条町13-46 開8:30〜17:00(入場は〜16:30) 休無休 料1000円(新宝蔵は別途200円) 交近鉄・西ノ京駅から徒歩8分 P150台(有料)

↑1960年に再建された南大門

開山御廟
御影堂
中興堂
本坊
地蔵堂
開山堂
松尾芭蕉句碑
講堂
礼堂
鼓楼
新宝蔵
宝蔵
戒壇
鐘楼
金堂
経蔵
N
0
50m
南大門
寺務所
唐招提寺
西ノ京駅、薬師寺
唐招提寺

金堂の「平成大修理」

1995年の阪神淡路大震災をきっかけに文化財建造物の耐震性が見直され、2000年より「金堂平成大修理事業」が行われた。現代の技術をもって構造解析がなされ、金堂は奈良時代の創建から約900年もの間、大改修が行われずに持ちこたえていたことがわかった。さらに構造補強され、2009年に完了。

金堂 国宝

こんどう

創建時の姿を伝える荘厳な堂宇

8世紀後半、鑑真の没後に完成した。正面の吹き放しや太い円柱など天平の風格が感じられる。本尊の盧舎那仏坐像や千手観音立像を含め、安置されている9躯の仏像すべてが国宝に指定。

千手観音菩薩立像の詳細は➡P.87

『天平の甍』で知られる金堂の鴟尾 注目ポイント

金堂の鴟尾は井上靖の小説に登場する。金堂の2つの鴟尾は平成の大修理で鎌倉時代に修復されたものと創建時の天平時代のものと判明。これらの鴟尾は保存され、代わりに新しい平成の鴟尾が取り付けられている。

宝蔵・経蔵 国宝

ほうぞう・きょうぞう

日本最古の校倉造りの蔵

ともに並んで建つ校倉造りの高床式の蔵。北側の大きいほうが宝蔵、小さいほうが経蔵で、創建以前の新田部親王邸の米倉を改造したものと見られている。

創建前からあり、境内でも最古の建物

戒壇

かいだん

現在も授戒の儀式の場

僧になるための授戒が行われる場所だが、創建時の建物は失われている。3段の石段は鎌倉時代に再建されたもので、上に載る宝塔は昭和53年(1978)に築かれた。

宝塔はインドのサンチーの古塔を模した

木立や苔の緑が美しい開山御廟の敷地

開山御廟

かいさんごびょう

今も人々に慕われる大和上の墓

天平宝字7年(763)に76歳で遷化した鑑真の墓所で、現在も参拝者が絶えない。4月下旬には故郷・揚州から贈られた瓊花が可憐な白い花をつける。

境内北東の静かな場所で鑑真大和上が眠る

講堂 国宝

こうどう

仏教の戒律を学ぶための道場

平城宮にあった東朝集殿を移築・改造。鎌倉時代に改造されているものの、唯一現存する平城宮の殿舎とされる。境内で最初に造られ、教学に力を入れた鑑真の強い信念がうかがえる。

講堂には、重要文化財の弥勒如来坐像のほか国宝の仏像2躯が安置されている

静まりかえる往古の賑わい。一条大路周辺

佐保路・佐紀路の古刹を巡る

さほじ・さきじ

東大寺から始まり、西大寺へ至る散策ルート。すべての行程を歩くとかなりの距離になるので、近鉄・新大宮駅からスタートするのがおすすめ。

秋篠寺
秋篠寺
奈良競輪場
京都駅
平城駅
成務天皇陵
秋篠局
菖蒲池駅
P.76 佐紀三陵
称徳天皇陵
P.14
西大寺自転車センター
ならファミリー
SC
西大寺 5
西大寺駅
西大寺局
GOAL
ガトー・ド・ボワ本店 S
P.119
大和西大寺駅
かんぽの宿奈良 H
N
0
300m
近鉄橿原線
秋篠川
西ノ京駅

平城京の歴史を感じられる静かなエリア

佐保路とは、東大寺の転害門から法華寺あたりまでのこと。かつて一条大路と呼ばれた通りに沿って寺社や史跡が点在する。一方、佐紀路はそこからさらに西へ進んだ一帯。中心にある広大な平城京跡をはじめ、佐紀盾列古墳群など、史跡や豊かな自然が残る風光明媚なエリアだ。雄大な景色を眺めながら、遠い平城の都へと思いを馳せてみたい。

史跡東大寺旧境内

東大寺・転害門が佐保路の起点

1 不退寺

ふたいじ

MAP 付録P.10 B-1

別名「業平寺」と呼ばれる寺

平安時代の歌人、在原業平により開基された寺。本尊の聖観音菩薩立像は業平の理想の女性像を表したという説があり、頭部にリボンをつけた美しい姿をしている。

鎌倉時代に造られた南大門も重要文化財

☎0742-22-5278または080-8943-1201(不退寺専用)　所 奈良市法蓮町517　開 9:00〜17:00　休 無休　料 500円(特別展600円)　交 奈良交通バス・一条高校前・不退寺口下車、徒歩5分　P 8台

平安朝の貴族の邸宅のようなたたずまい

2 海龍王寺

かいりゅうおうじ

MAP 付録P.10 C-1

般若心経の写経発祥の寺

遣唐使の渡航の安全を祈願し建立された。現在も渡航留学の安全を願う人が多く訪れる。弘法大師による般若心経も伝わる。

☎0742-33-5765　所 奈良市法華寺北町897　開 9:00〜16:30　休 8月12〜17日、12月25〜31日　料 500円(特別拝観時は600円)　交 奈良交通バス・法華寺下車すぐ　P 10台

ゆるやかで静かな時間が流れる境内

木津IC
平城山駅
奈良ハイウェイ
塩塚古墳
日葉酢媛命陵
仁徳天皇皇后
磐之媛命陵
航空自衛隊
瓢箪山古墳
関西本線（大和路線）
コナベ古墳
宇和奈辺陵墓
参考地
水上池
コナベ池
ウワナベ池
S 横田福栄堂
平城天皇陵
歓喜寺
駐在所
佐紀町・大極殿
平城宮跡
法華寺 3
春日神社
不退寺
1
第一次大極殿
奈良法華寺局
法華寺北町
東大寺、転害門
平城宮跡
4
遺構展示館
P.94
2 海龍王寺
一条高
一条高校前
P.94
奈良文化財研究所
平城宮跡資料館
みやと通り
第二次大極殿跡
法華寺前
くるみの木
二条町2
近鉄奈良線
東院庭園
奈良駅
二条町3
P.103 日本料理 川波 R
佐保川
P.113 BANCHETTI R
朱雀門
近鉄奈良駅
24
新大宮駅
START
朱雀門ひろば
平城宮いざない館
奈良市役所
復元 遣唐使船
369
P.102 枯淡 R
中央局

移動時間 ◆ 約2時間30分

散策ルート

新大宮駅 しんおおみや

駅を出たら佐保川を渡って北へ向かう。 徒歩20分

1 不退寺 ふたいじ

歩道橋を渡って国道24号を横切り、西へ。 徒歩18分

2 海龍王寺 かいりゅうおうじ

海龍王寺と法華寺の間には春日神社という社も。 徒歩6分

3 法華寺 ほっけじ

平城宮跡の敷地へは北側から入る。 徒歩20分

4 平城宮跡 へいじょうきゅうせき

バスを利用する場合は、平城宮跡や佐紀町で西大寺駅行きに乗車できる。 徒歩1時間20分

5 西大寺 さいだいじ

大和西大寺駅周辺にはおみやげスポットも多い。 徒歩3分

大和西大寺駅 やまとさいだいじ

↑カキツバタで有名な名勝庭園
←現在の本堂は桃山時代後期に再建されたもの

3 法華寺 ほっけじ

MAP 付録P.10 C-2

歴史と品格のある尼寺

藤原不比等(ふじわらのふひと)の旧宅に、光明(こうみょう)皇后が総(そう)国分尼寺(こくぶんにじ)として建立した寺院。皇后が蓮池を歩く姿を写したと伝わる十一面観音は国宝に指定されている。

☎0742-33-2261 所奈良市法華寺町882 開9:00〜16:30 休無休
料700円(特別拝観時は別途)
交奈良交通バス・法華寺下車、徒歩3分
P30台

4 平城宮跡 へいじょうきゅうせき

世界遺産

MAP 付録P.10 C-2

広々とした平城宮の跡地

奈良時代に天皇の住居や官公庁があった広大な敷地。発掘調査や整備が進み、かつての建造物が一部復原されているほか、資料館・展示館なども充実している。

P.52に続く

↓草原の中に復原された建造物が点在する

➡P.53

立ち寄り

横田福栄堂
よこたふくえいどう

生地に五徳味噌を練り込んで焼き上げた「みそせんべい」をはじめ、「鹿サブレ」や「吉野風物詩くず餅」など奈良産にこだわった昔懐かしい菓子が揃う。

MAP 付録P.10 B-3

☎0742-33-0418
所奈良市二条町1-3-17
営9:00～17:00
休日曜 交近鉄・大和西大寺駅から徒歩10分
P3台

平城宮跡近くで地元の人にも愛される菓子店

鹿サブレ

サクサクの鹿サブレ8枚入り864円

ほんのり五徳味噌が香るみそせんべい15枚入り680円

5 西大寺
さいだいじ

MAP 付録P.10 C-4

十一面観音立像や四天王立像が安置されている四王堂

東大寺に対する西の大寺

鎮護国家と平和祈願のため建立。創建当初は110もの堂宇が並び、南都七大寺のひとつに数えられた大寺院だった。年3回、直径30cm以上の大茶碗と長さ35cmの茶筅でお茶を点てて参拝客に振る舞う大茶盛式が行われる。

☎0742-45-4700 所奈良市西大寺芝町1-1-5 開8:30(愛染堂9:00)～16:30(入場は～16:00) 休無休 料三堂共通拝観券800円 交近鉄・大和西大寺駅から徒歩3分 P100台(有料)

本堂の前には東塔の礎石が残っている

佐保路から足を延ばして訪ねたい
東大寺・転害門(てがいもん)周辺の寺院・史跡

コース上では省略したが、佐保路の起点・東大寺の転害門の周辺にも、風情あふれる寺院が点在する。季節の花々や、独特の仏像は見応え十分だ。東大寺を建立した聖武天皇の陵墓もある。

般若寺
はんにゃじ

MAP 付録P.5 D-1

飛鳥時代に創建され、天平時代には平城京の鬼門鎮護に任じられるようになった。秋にはコスモスが咲き誇り、コスモス寺とも呼ばれる。

☎0742-22-6287 所奈良市般若寺町221
開9:00～17:00 休無休 料700円
交奈良交通バス・般若寺下車、徒歩1分
P40台(有料)

秋には約30種類、15万本のコスモスが咲く

五劫院
ごこういん

MAP 付録P.5 D-1

重源(ちょうげん)上人が宋から持ち帰ったという、五劫思惟阿弥陀仏坐像(ごこうしゅいあみだぶつ)がご本尊。国の重要文化財だ。螺髪(らほつ)が長い貴重な姿は、8月上旬の特別開帳のときにのみ一般公開されている。

☎0742-22-7694 所奈良市北御門町24
開休要問い合わせ(8月1～11日のみ一般拝観可。そのほかは事前連絡により、拝観できることもあり)
料志納 交奈良交通バス・今在家下車、徒歩5分 P10台

本堂は江戸時代に再建されたもの

聖武天皇・光明皇后陵
しょうむてんのう・こうみょうこうごうりょう

MAP 付録P.6 B-1

東大寺の建設に心血を注いだ聖武(しょうむ)天皇と、その皇后で、悲田院(ひでんいん)や施薬院(せやくいん)などを設置した光明(こうみょう)皇后の墓。参道の正面には聖武天皇陵、途中で右へ曲がると光明皇后陵がある。

☎0744-22-3338
(宮内庁書陵部畝傍陵墓監区事務所)
所奈良市法蓮町 開休料見学自由
交奈良交通バス・法蓮仲町下車、徒歩7分
P要問い合わせ

天平文化を象徴する二人が眠るという

大極殿は間口約44m、高さ約27mで内部には玉座も復元されている

平城宮跡の保存活動

江戸末期から研究が始まり、明治時代には地元住民による保存活動が起こった。昭和27年(1952)に国の特別史跡に指定されたあとも、鉄道や国道の建設計画が持ち上がったが、世論の反対で宮跡を守った。

第一次大極殿

だいいちじだいごくでん

平城宮の中核となった宮殿

朱雀門の真北約800mにそびえ、2010年に復元。平城遷都(710年)から恭仁京遷都(740年)まで使われ、天皇の即位や外国使節との謁見など重要な儀式が行われた。

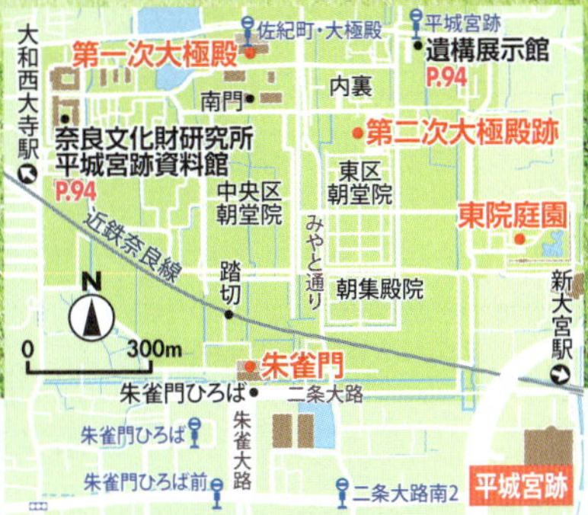

大和西大寺駅
佐紀町・大極殿
平城宮跡
遺構展示館
P.94
第一次大極殿
南門
内裏
第二次大極殿跡
奈良文化財研究所
平城宮跡資料館
P.94
中央区
朝堂院
東区
朝堂院
東院庭園
近鉄奈良線
みやと通り
踏切
朝集殿院
新大宮駅
N
0
300m
朱雀門
朱雀門ひろば
二条大路
朱雀大路
朱雀門ひろば
朱雀門ひろば前
二条大路南2
平城宮跡

広大な遺構に古代の都を思う

平城宮跡 世界遺産

へいじょうきゅうせき

1300年の眠りから覚めた平城宮の遺跡
夜は楼閣が浮かび上がるライトアップも

奈良時代に栄えた平城京の中心で、約130haの敷地に天皇の住まいや官公庁などが集まっていた。昭和に入って本格的な発掘調査が始まり、約5万点の木簡などが出土している。復元した朱雀門や第一次大極殿、東院庭園のほか資料館や遺構展示館なども見学したい。2018年にオープンした「朱雀門ひろば」では奈良時代の都大路の雰囲気を楽しむことができる。

MAP 付録P.10 C-2

☎0742-30-6753(奈良文化財研究所) 所奈良市佐紀町
開見学自由、第一次大極殿・朱雀門・東院庭園9:00〜16:30(入場は〜16:00) 休第一次大極殿・朱雀門・東院庭園など見学施設は月曜(祝日の場合は翌日) 料無料
交奈良交通バス・平城宮跡下車すぐ P平城宮跡資料館・遺構展示館・東院庭園の駐車場利用

朱雀門

すざくもん

美しい朱塗りの正門

かつては正月に天皇がこの門まで出向いて新年を祝い、都の男女が恋の歌をかけあうのを見たともいう。1998年に復元。

間口約25m、高さ約20mの入母屋二重構造

第二次大極殿跡

だいにじだいごくでんあと

都が戻ったのちの2度目の宮殿

天平17年(745)から約40年間使われた大極殿跡。明治に基壇跡が確認され、研究・保存が進んだ。桜の名所としても知られる。

基壇や柱跡などが復元されている

東院庭園

とういんていえん

『続日本紀』にも記述が残る

昭和42年(1967)に遺跡を発見し、1998年に復元された。奈良時代には称徳天皇が好んで宴会や儀式を行った。

日本庭園の原型とされる貴重な遺跡

聖徳太子ゆかりの地と豊臣家の城下町

斑鳩

斑鳩町 いかるが

田園風景のなかに点在する寺院を巡り、はるか飛鳥時代に思いを馳せる。1400年の時を超え太子の祈りが届くよう。

世界最古の堂々たる木造建築

法隆寺

ほうりゅうじ

世界遺産

聖徳太子ゆかりの大寺院には境内全体に文化財があふれる

推古天皇15年(607)、聖徳太子(P.77)が父である用明天皇の遺願を継ぎ、寺と薬師如来像を斑鳩宮の隣に造ったのが起源。そのため斑鳩寺とも呼ばれる。『日本書紀』に天智天皇9年(670)に火災で全焼したとあるが、飛鳥時代末期頃には再建された。いずれにしろ金堂をはじめ五重塔、中門などは世界最古の木造建築だ。東京ドーム約4個分の広さの境内には約190件の国宝・重要文化財、総計約2300点を有し、1993年には日本初のユネスコ世界文化遺産に登録された。

MAP 付録P.12 B-2

☎0745-75-2555 所斑鳩町法隆寺山内1-1
開8:00〜17:00、11月4日〜2月21日は〜16:30
休無休 料境内無料、西院伽藍・大宝蔵院・東院伽藍共通券1500円 交エヌシーバス・法隆寺門前下車すぐ Ⓟ近隣駐車場利用(有料)

五重塔

ごじゅうのとう

国宝

古代の高度な技術が生んだ不倒の古塔

飛鳥時代末期頃に再建されたものと推定され、基壇より上の高さが約31.5mある。近年の調査で、その高い技術工法が解明された。最下層の内陣には、釈迦の入滅などを表した奈良時代の塑像群が安置されている。

注目ポイント

五重塔を支える邪鬼

初層の裳階の上に、まるで屋根を支えるかのように4体の邪鬼が置かれている。江戸時代頃に取り付けられたらしい。

「法隆寺の七不思議」

「法隆寺では蜘蛛が巣をかけない」「五重塔の相輪に4本の鎌がかかっている」「3つの地下蔵がある」といった「不思議」がある。相輪の鎌は落雷防止のまじないとか。法隆寺が特別視されるがゆえの伝承と考えられるものも多い。

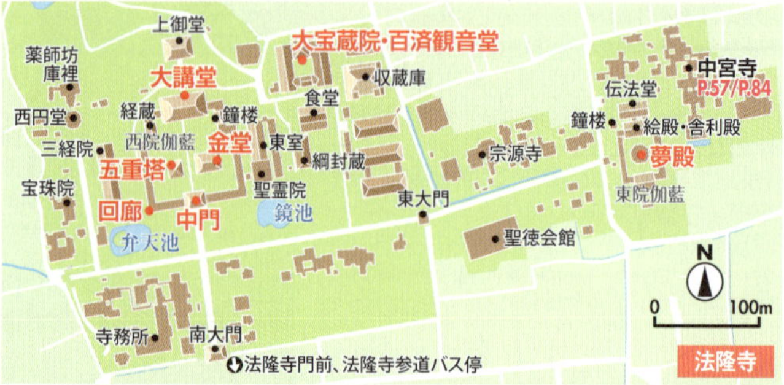
上御堂
大宝蔵院・百済観音堂
薬師坊
庫裡
大講堂
収蔵庫
西円堂
経蔵
鐘楼
食堂
中宮寺
P.57/P.84
伝法堂
鐘楼
絵殿・舎利殿
三経院
西院伽藍
金堂
東室
綱封蔵
宗源寺
夢殿
五重塔
宝珠院
聖霊院
東大門
東院伽藍
回廊
中門
鏡池
弁天池
聖徳会館
N
0
100m
寺務所
南大門
法隆寺門前、法隆寺参道バス停
法隆寺

中門 国宝
ちゅうもん

国宝の金剛力士像が立つ

西院伽藍の入口として造られ、重厚な扉の左右には国宝の金剛力士像2躯が睨みをきかせる。門の中心に柱が立つ独特の構造。

金堂 国宝
こんどう

現存する世界最古の木造建築

再建年は不明だが、卍崩しの高欄など飛鳥時代の特徴が見てとれる。本尊の国宝・釈迦三尊像は聖徳太子の病気平癒のために造られた。

注目ポイント

柱の昇り龍・下り龍

金堂の2層目の屋根の軒下四隅に江戸の大修理の際に取り付けられた龍がある。西と北側には昇り龍が、東と南側に下り龍を目視できる。

屋根は2層だが実は1階建て。世界的に著名な壁画も描かれている

厳かだが開放的な単廊式の回廊

回廊 国宝
かいろう

聖域を護る美しい列柱

西院伽藍を囲み、連子窓に円柱が並ぶ。円柱は中央に膨らみをもたせたエンタシス様式で、外光で柱がくぼんでみえるのを防ぎ、安定感をもたらす。東回廊のほうが西回廊より約4m長い。

大講堂 国宝
だいこうどう

西院伽藍の奥に構える

平安中期に落雷により焼失、正暦元年(990)に再建された。安置する国宝の薬師三尊像や重文の四天王像も再建時に造立。

平安期の堂宇は寺内では新しいほうだ

夢殿 国宝
ゆめどの

聖徳太子を供養する東の金堂

天平11年(739)、聖徳太子の住居だった斑鳩宮跡に建てた東院伽藍の中心。八角円堂の気品ある姿を見た建築家ブルーノ・タウトは「建築の真珠」と称えた。

注目ポイント

救世観音菩薩

飛鳥時代初期に聖徳太子供養のため造立。聖徳太子の等身大と伝わる。長年にわたり絶対秘仏だったが、明治時代に米国人フェノロサと岡倉天心によりその封印が解かれた。

有名な百済観音はここにある

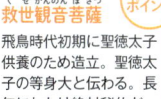

大宝蔵院・百済観音堂
だいほうぞういん・くだらかんのんどう

仏教美術の至宝が集結

大宝蔵院には白鳳時代の夢違観音像や飛鳥時代の玉虫厨子といった数々の国宝や重要文化財を納め、百済観音堂には飛鳥時代の国宝・百済観音立像を安置。

本尊に国宝・救世観音菩薩を安置

歩く・観る●斑鳩

田園風景に堂塔の屋根が溶け込む

三塔をたどって斑鳩の里を歩く

いかるが

のどかな風景が残る斑鳩には、聖徳太子ゆかりの古寺が点在。里を彩る花々を愛でながら、歴史的な名所を巡りたい。

➲藤ノ木古墳の案内や出土品のレプリカの展示を行う斑鳩文化財センター

世界最古の木造建築群・法隆寺を中心としたエリア

飛鳥時代に聖徳太子が建立した法隆寺をはじめ、太子ゆかりの名刹が残る斑鳩(いかるが)の地。飛鳥文化が花開き、法隆寺の五重塔、法輪寺の三重塔、法起寺の三重塔を合わせて称する斑鳩三塔なども建てられた。国宝、重要文化財も多いこのエリアでは、のどかな景色のなかで名刹をじっくり観光したい。法隆寺iセンターではさまざまな情報が手に入るほか、レンタサイクルも可能。

斑鳩溜池
法起寺前バス停 GOAL
三井瓦窯跡
法輪寺 5
法起寺 6
仏塚古墳
幸前神社
斑鳩町
斑鳩神社
秋葉神社
天満池
4 中宮寺
法隆寺 3
法起寺前
斑鳩中
中宮寺東口
25
法隆寺参道
中宮寺前
藤ノ木古墳 2
斑鳩文化財センター
法隆寺局
斑鳩東小
斑鳩町役場
龍田神社
法隆寺前
法隆寺iセンター (レンタサイクル) P.14
成福寺
竜田神社
斑鳩町役場
斑鳩小
伊弉冊命神社
西念寺
阿波神社
1 吉田寺
興留
奈良駅
関西本線(大和路線)
富雄川
興留局
光徳寺
東光徳寺
法隆寺駅
START
法隆寺駅
王寺駅
N
0 300m

1 吉田寺
きちでんじ

MAP 付録P.12 C-2

「ぽっくり往生の寺」とも呼ばれる古刹

天智(てんじ)天皇の勅願で、恵心僧都(えしんそうず)(源信(げんしん))によって開基された。ご本尊前で祈祷を受けると長患いせず、安らかに往生できるといわれている。

☎0745-74-2651
所 斑鳩町小吉田1-1-23
開 9:00〜16:00(祈祷申込は〜15:00)
休 無休　料 300円
交 奈良交通バス・竜田神社下車、徒歩3分
P 10台
➲ご本尊は県内最大の阿弥陀如来像

2 藤ノ木古墳
ふじのきこふん

MAP 付録P.12 B-2

☎0745-70-1200
(斑鳩文化財センター)
所 斑鳩町法隆寺西2
開 休 料 見学自由　交 奈良交通バス・斑鳩町役場下車、徒歩5分　P なし

豪華な副葬品を発掘

6世紀後半の円墳。未盗掘の石棺内には男性2人が埋葬されており、金銅製の冠や履などの副葬品が出土。

➲出土品は国宝に指定。周辺は公園になっている

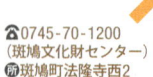

コスモスの里としても有名な斑鳩。法起寺の三重塔をバックにするとより風情が感じられる

移動時間◆約1時間40分

散策ルート

法隆寺駅 ほうりゅうじ

駅の北側に出たらのどかな風景のなかを西へ。 徒歩30分

1 吉田寺 きちでんじ

途中には法隆寺の鎮守社・龍田神社も。 徒歩20分

2 藤ノ木古墳 ふじのきこふん

近くの斑鳩文化財センターに立ち寄るのもいい。 徒歩10分

3 法隆寺 ほうりゅうじ

境内を東へ歩く。中宮寺は法隆寺・夢殿の裏手。 徒歩8分

4 中宮寺 ちゅうぐうじ

天満池のほとりを通り、田園地帯を北へ。 徒歩20分

5 法輪寺 ほうりんじ

道の向こうに法起寺の三重塔が見えてくる。 徒歩12分

6 法起寺 ほうきじ

バスで法隆寺前か、奈良市街方面へ戻れる。 徒歩すぐ

法起寺前バス停 ほうきじまえ

3 法隆寺 ほうりゅうじ 世界遺産

MAP 付録P.12 B-2

聖徳太子が創建した大寺院 ➡P.54

4 中宮寺 ちゅうぐうじ

MAP 付録P.12 B-1

聖徳太子建立七寺のひとつ

聖徳太子が母の願いによって建てたという尼寺。アルカイックスマイルを浮かべる国宝の菩薩半跏像、日本最古の刺繍遺品である「天寿国曼荼羅繍帳」のレプリカは必見だ。

☎0745-75-2106 所斑鳩町法隆寺北1-1-2 開9:00～16:15(10月1日～3月20日は～15:45) 休無休 料600円 交奈良交通バス・中宮寺前下車、徒歩5分 Pなし

菩薩半跏像の詳細は➡P.84

5 法輪寺 ほうりんじ

MAP 付録P.12 A-1

飛鳥様式の三重塔が建つ

別名を「三井寺」といい、推古天皇30年(622)、聖徳太子の病気平癒を願って建立されたと伝わる。国宝だった三重塔は、昭和19年(1944)落雷により焼失。現在のものは同50年(1975)に再建。

☎0745-75-2686 所斑鳩町三井1570 開8:00～17:00(12～2月は～16:30) 休無休 料500円(4月15日の妙見会式と秋季特別展は別途必要) 交奈良交通バス・中宮寺前下車、徒歩15分 P10台

斑鳩三塔のひとつに数えられる三重塔

6 法起寺 ほうきじ 世界遺産

MAP 付録P.12 A-1

景勝地にたたずむ寺院

世界遺産「法隆寺地域の仏教建造物」の構成資産のひとつ。聖徳太子が『法華経』を講じた岡本宮を、息子の山背大兄王が寺に改めたのが始まり。日本最古の三重塔も現存している。

☎0745-75-5559 所斑鳩町岡本1873 開8:30～17:00(11月4日～2月21日は～16:30) 休無休 料300円 交奈良交通バス・法起寺前下車すぐ Pなし

法隆寺の北に江戸時代の趣と金魚の街

大和郡山

大和郡山市　やまとこおりやま

奈良県内に古い街並みは多いが、
城下町郡山はひと味違った趣。
広々とした金魚池も壮観だ。

↑追手門を守るために造られた東多聞櫓は昭和59年(1987)の再建。春は桜が美しい

↑石垣には近隣の石仏や五輪塔を石材として転用した部分も。梵字などが見つかる

戦国ロマンの漂う街を巡る

郡山城下町の散策

郡山城跡を中心に古い町家が残る通りや寺社を訪ね歩く。
疲れたら優雅に泳ぐ金魚たちを眺めながらゆっくりしよう。

史跡郡山城跡

しせきこおりやまじょうあと

MAP 付録P.13 D-2

約800本もの桜が咲く名所

天正8年(1580)に筒井順慶により築かれた城。明治時代には荒廃したものの、昭和になると追手門、多聞櫓などが復元された。日本のさくら名所100選にも選ばれている。

↑柳澤家が保存していた史料などを公開している柳沢文庫

☎0743-52-2010(大和郡山市観光協会)　所大和郡山市城内町　開休料見学自由　交近鉄郡山駅から徒歩10分　Pなし

金魚の養殖でも有名な
江戸時代の面影を残す城下町

郡山城の城下町として栄えた歴史を持つ大和郡山市。豊臣秀吉の弟・秀長により設置された商工業種別の箱本十三町は、紺屋町、材木町、豆腐町など今でもその名を残しており、古い街並みを歩けば、そこここに江戸時代の面影を感じることができる。柳沢吉保の息子・吉里によって持ち込まれた金魚は、大和郡山市の名産のひとつ。点在する金魚池もぜひ見学したい。

←境内には7つの摂社もある

郡山八幡神社

こおりやまはちまんじんじゃ

MAP 付録P.13 F-2

郡山城鎮護の八幡宮

東大寺の守護神として宇佐八幡神社を勧請したことが起源。県内の宇佐八幡宮系の宮で最も古く由緒ある神社だ。

☎0743-52-2746　所大和郡山市柳4-25　開休料境内自由　交近鉄郡山駅から徒歩8分　P5台

洞泉寺
とうせんじ

MAP 付録P.13 E-1

貴重な仏像を祀る静かな寺

天正13年(1585)、豊臣秀長により建立されたという名刹。本尊の木造阿弥陀如来および両脇侍立像は快慶の作と伝えられている。

☎0743-52-2893 所大和郡山市洞泉寺町15-1 開10:00～16:00 休無休 料境内無料、本堂300円 交近鉄郡山駅から徒歩10分 P4～5台

本堂の拝観には事前の予約が必要

薬園八幡神社
やくおんはちまんじんじゃ

MAP 付録P.13 E-1

「やこうさん」と親しまれる神社

薬園村の鎮守として創建。極彩色が残る春日造りの本殿は、桃山時代の再建といわれる。

☎0743-53-1355 所大和郡山市材木町32 開休料境内自由 交近鉄郡山駅から徒歩10分 P7台

社殿には美しい釣灯籠がいくつも下げられている

田んぼのように見える場所が金魚の養殖場。大和郡山市内には1000以上の金魚池があるという

箱本館「紺屋」
はこもとかん「こんや」

MAP 付録P.13 E-1

藍染めと金魚に親しむ

藍染め体験工房ではハンカチなどの藍染め体験(要予約)ができるほか、染織道具を展示している。金魚の意匠を用いた美術工芸品「金魚コレクション」は金魚の街ならでは。セルフカフェ「和気藍々」もある。

☎0743-58-5531 所大和郡山市紺屋町19-1 開9:00～17:00 休月曜(祝日の場合は翌平日) 料無料(体験料は別途) 交近鉄郡山駅から徒歩5分 P5台

江戸時代から続いた藍染め商の町家を再生

大和郡山産の金魚の展示もある

郡山金魚資料館
こおりやまきんぎょしりょうかん

MAP 付録P.13 F-2

「泳ぐ図鑑」を見に行きたい

「一年中いつでも金魚を見ることができる観光施設を」との思いで開設。金魚の原種や高級金魚など約40種類の金魚を展示している。ほかにも日本最古の金魚の飼育本など貴重な資料を見学できる。

☎0743-52-3418(やまと錦魚園) 所大和郡山市新木町107 開9:00～17:00 休月曜 料無料 交近鉄郡山駅から徒歩12分 P30台

金魚の養殖場を開放したのが始まりという

養殖用から観賞用までさまざまな金魚を飼育

日本最古の道を踏破

道中には『万葉集』に詠まれた和歌の歌碑があちこちに立つ

いにしえの道を一日かけてウォーキング

山の辺の道をゆく

やまのべのみち

古式ゆかしい神社がたたずむ緑豊かな散策路。すべての道を歩ききると達成感もひとしおだが、健脚向きなので、事前に計画を練っておきたい。

豊かな自然に囲まれた、歴史ある寺社を巡る

山の辺の道は大和の古代道路のひとつ。奈良盆地の東に連なる山裾に沿って、三輪山から奈良へと通じる道だ。古くは『古事記』にも記述があり、日本最古の道といわれている。石上神宮から始まる散策コースは歩きやすく整備され、道標も多い。ただし長丁場なので、全行程を歩くと一日がかりになる。長岳寺あたりを分岐点に南北に分けて歩いたり、途中電車やバスを使うなど工夫したい。

1 石上神宮

いそのかみじんぐう

MAP 付録P.12 A-3

物部氏の総氏神として信仰されていた古社

『日本書紀』にも記述がある、日本最古の神社のひとつ。ご神体である神剣(韴霊)が埋斎されていると伝えられていた禁足地を祭祀の対象としていた。禁足地は神剣が本殿に祀られた今でも、最も神聖な霊域だ。

☎0743-62-0900 所天理市布留町384
開6:00〜18:00(季節により変動あり) 休無休 料無料
交JR天理駅から車で10分/徒歩30分 P200台

平安時代に白河天皇から寄進されたという拝殿は国宝に指定されている

重要文化財の楼門。額のなかの「萬古猶新(ばんこゆうしん)」という文字は山縣有朋によるもの

2 長岳寺

ちょうがくじ

MAP 付録P.12 C-3

関西花の寺25カ所のひとつ

天長元年(824)、弘法大師により創建。日本最古の鐘楼門や石仏などさまざまな文化財を有し、期間限定で開帳される狩野山楽筆の『極楽地獄図』は必見。

四季を通してさまざまな花が楽しめる境内

☎0743-66-1051
所天理市柳本町508
開9:00〜17:00
休無休 料400円
交JR柳本駅から徒歩20分 P20台

5月には本堂前の池で、カキツバタが美しい姿を見せる

3 檜原神社

ひばらじんじゃ

MAP 付録P.13 E-3

三輪山の麓にある神社

大神神社の摂社のひとつ。御殿はなく三ツ鳥居を通してその奥の神座を拝する。真西に見える二上山の景色も美しい。

3つの鳥居が連なる、珍しい形の鳥居が厳かにたたずむ

☎0744-42-6633(大神神社)
所桜井市三輪1422
開9:00〜16:00(季節により変動あり) 休無休 料無料 交JR三輪駅から徒歩30分P5台

天理駅
天理教教会本部
START
天理駅
P.95 天理大学附属 天理参考館
1 石上神宮
布留川
天理市庁前
天理大
天理市役所
天理大学
天理高
天理トンネル
西山古墳
天理中
25
山の辺の道
勾田
西乗鞍古墳
東乗鞍古墳
御霊神社
乙木口
夜都伎神社
169
竹之内環濠集落
八坂権現
三昧田
東海自然歩道
春日神社
長柄駅
神護寺
大和神社
朝和小
南中
大和神社
萱生環濠集落
衾田陵
五社神社
念仏寺
天理市
稚宮神社
2 長岳寺
黒塚古墳
柳本駅
柳本小
柳本
崇神天皇陵
櫛山古墳
桜井線(万葉まほろば線)
吉野川分水東部
渋谷
景行天皇陵
勝山古墳
矢塚古墳
纒尊寺
大兵主神社
相撲神社
珠城山古墳
石塚古墳
巻向駅
春日神社
巻の内
169
檜原神社 3
P.120
三輪 山本 S
纒向川
箸中
茅原大墓古墳
P.76 箸墓古墳
玄賓庵
狭井神社 4
大神神社 5
桜井市
大美和の杜展望台
P.109 そうめん處 森正 R
三輪明神大神神社 二の鳥居前
N
0 500m
169
GOAL
三輪駅
6 平等寺

4 狭井神社 さいじんじゃ

MAP 付録P.13 E-3

病を鎮める神を祀る

大神神社(おおみわじんじゃ)の摂社で、同神社のご祭神の荒魂(あらみたま)が祀られている。御殿左奥には薬井戸があり、ここから湧き出る神水は病気平癒に効果があると伝わる。

☎0744-42-6633(大神神社)
所桜井市三輪狭井 開休料境内自由 交JR三輪駅から徒歩15分
Pなし

↑『延喜式神名帳』にも記述がある古社
→拝殿前には三輪山への登拝口がある

5 大神神社 おおみわじんじゃ

MAP 付録P.13 E-3

日本最古の神社のひとつ

→P.62

6 平等寺 びょうどうじ

MAP 付録P.13 E-3

聖徳太子像も立つ古刹

聖徳太子が開基開山と伝えられる。大神神社の神宮寺だったが、明治時代の廃仏毀釈により荒廃。昭和52年(1977)に寺号が再興され、本堂などが再建された。聖徳太子作という十一面観世音菩薩が本尊。

☎0744-42-6033 所桜井市三輪38 開休料境内自由 交JR三輪駅から徒歩10分 P28台

↑本堂の拝観には予約が必要なので注意

移動時間 ◆ 約4時間30分

散策ルート

天理駅 てんり

↓ 独特な天理の街並みを抜けて東へ向かう。 徒歩40分

1 石上神宮 いそのかみじんぐう

↓ 途中、夜都伎神社や念仏寺なども見どころ。徒歩1時間40分

2 長岳寺 ちょうがくじ

↓ 崇神天皇陵や景行天皇陵など古墳が点在。 徒歩1時間20分

3 檜原神社 ひばらじんじゃ

↓ 近くに謡曲『三輪』で知られる玄賓庵がある。 徒歩25分

4 狭井神社 さいじんじゃ

↓ 大和三山や三輪の街を見渡す展望台がすぐ近く。 徒歩5分

5 大神神社 おおみわじんじゃ

↓ 名物の三輪そうめんはぜひとも味わいたい。 徒歩6分

6 平等寺 びょうどうじ

↓ 時間が許せば三輪駅西側の大鳥居も見てみたい。 徒歩10分

三輪駅 みわ

高さ32mの大鳥居の向こうにご神体の三輪山を望む。美しく、神々しい姿だ

国造りの神が鎮まる山がご神体

大神神社

おおみわじんじゃ

一木一草まで神が宿るという美しい三輪山をご神体とする古社

『古事記』や『日本書紀』にも創始に関する記述があるという日本最古の神社のひとつ。祭神の大物主大神(おおものぬしのおおかみ)が祀られる三輪山(みわやま)をご神体とすることから本殿はなく、境内にある拝殿から直接三輪山に祈りを捧げる。拝殿の奥には明神型の鳥居を3つ組み合わせた独特の三ツ鳥居が設けられ、その奥は禁足地となっている。酒造りの神、医薬の神として広く信仰を集めるが、毎月1日には朔日(ついたち)詣りの日として、特に賑わいをみせる。

MAP 付録P.13 E-3

☎0744-42-6633 所 桜井市三輪1422
開 9:00～16:30 休 無休 料 無料
交 JR三輪駅から徒歩5分 P 590台

深い木々の中を抜ける参道にも神聖な空気が漂っている

拝殿 はいでん 重文

堂々たるたたずまい

寛文(かんぶん)4年(1664)に徳川家綱(とくがわいえつな)により再建された。切妻造りで大きな向拝がついた建物はどっしりと構えた重厚な雰囲気を感じさせる。

ご神体・三輪山へ登拝してみる

登拝を希望する場合は、狭井(さい)神社(P.61)で9時から正午までに受付を済ませ、登拝の証しとなるたすきを身に着け、山に入る。水分補給以外の飲食やカメラ撮影の禁止など注意事項は厳守。目的はお参りであり、観光やハイキングではないということを忘れずに。

注目ポイント

拝殿前の「巳の神杉」

樹齢400年ともいわれる神木。根元に神の化身である白蛇(巳)が棲むといわれ、蛇の好物である卵が供えられている。江戸時代には雨乞いにもご利益があるとされていた。

パワースポットとして注目され、多くの参拝客が集まる

長い歴史、豊かな自然、個性的な文化財

足を延ばしたい名刹・古社

智恵増上・魔除けを願うならここ

安倍文殊院

あべもんじゅいん

桜井 MAP 付録P.3 D-3

大化の改新の頃に創建された、日本最古の寺院のひとつ。本尊は「三人寄れば文殊の智恵」という格言で有名な文殊菩薩。獅子に乗った凛々しい姿は大仏師・快慶作で、国宝に指定されている。

金閣浮御堂

☎0744-43-0002 所桜井市阿部645 開9:00〜17:00 休無休 料本堂700円(参拝記念品付) 交奈良交通バス・安倍文殊院下車すぐ P200台(有料)

国宝・渡海文殊菩薩群像。建仁3年(1203)の作で、総高約7mは日本最大

天平彫刻の傑作を安置

聖林寺

しょうりんじ

桜井 MAP 付録P.3 D-3

奈良盆地を見下ろす小高い丘にある寺院。本尊は安産と子授けのお地蔵さまである子安延命地蔵尊。国宝の十一面観音像はアメリカの哲学者フェノロサに称賛されたことで一躍有名になった。

山門前からの眺めは格別

☎0744-43-0005 所桜井市下692 開9:00〜16:30 休無休 料600円 交桜井市コミュニティバス・聖林寺下車、徒歩3分 P20台(有料)

藤原家の氏寺、妙楽寺(現在の談山神社)の別院として創建された

寺院の面影を残す神社

談山神社

たんざんじんじゃ

多武峰 MAP 付録P.3 D-3

藤原鎌足の長男・定恵が、父を祀るために十三重塔を建立したのが始まり。大宝元年(701)には本殿が建てられた。明治の神仏分離以前は妙楽寺という寺院だったが廃仏毀釈の際に寺を廃し神社のみとなった。

奈良屈指の紅葉の名所

☎0744-49-0001 所桜井市多武峰319 開8:30〜16:30 休無休 料600円 交桜井市コミュニティバス・談山神社下車、徒歩3分 P300台

享禄5年(1532)に再建の塔で、木造の十三重塔としては世界で唯一現存

眼病封じの観音様を祀る

壺阪寺

つぼさかでら

高取 MAP 付録P.3 E-3

大宝3年(703)に開基。本堂の八角円堂に祀られている本尊の十一面千手観世音菩薩は、眼病に霊験があるといわれている。インドハンセン病救済事業が縁となり、インドゆかりの石像や石堂などもある。

巨大な天竺渡来大観音像

☎0744-52-2016 所高取町壺阪3 開8:30〜17:00 休無休 料600円 交奈良交通バス・壷阪寺前下車すぐ P80台(有料)

春には桜やツツジ、秋には紅葉と、山寺ならではの風景も楽しめる

かつて宮都が置かれた、神話が息づく地

橿原

橿原市 かしはら

平城京に移るまで都だった藤原京は、
日本では初めての本格的な宮城だった。
長く深い歴史の残り香を訪ね歩きたい。

内拝殿の奥には千木や鰹木を施した幣殿、京都御所の内侍所（賢所）を移築した重文の御本殿が建つ

神武天皇を祀る
格式ある名社

橿原神宮

かしはらじんぐう

**畝傍山の麓に広がる清爽な神域に
第一代天皇と皇后が鎮座する**

『日本書紀』によると、今から2600年以上前に神日本磐余彦火火出見天皇、のちの神武天皇がこの地を都に定め、第一代の天皇として即位した。明治22年（1889）、京都御所の内侍所（賢所）が御本殿として下賜され、翌年に橿原宮址に神社を創建。神武天皇と皇后である媛蹈鞴五十鈴媛皇后を祀る。約16万坪の広大な神域には江戸時代の織田家柳本藩邸を移築した文華殿（重要文化財表向御殿）や畝傍山を望む森林遊苑、万葉の時代に築かれた深田池などの見どころが点在する。

MAP 付録P.14 A-4

☎0744-22-3271 所橿原市久米町934 開境内日の出〜日没（詳細はHP要確認）、宝物館9:00〜16:00（平日は10:00〜15:00） 休無休 料境内無料、宝物館700円（企画展により変動あり） 交近鉄・橿原神宮前駅から徒歩10分 P800台（有料）

昭和の神社建築の粋とされる

外拝殿

げはいでん

緑が映える壮大な拝殿

昭和14年（1939）に完成した入母屋造りの拝殿。廻廊で結ばれた内拝殿と向き合うように建ち、その間には約970坪の外院斎庭が広がる。

池の上にも遊歩道が整備され、対岸まで歩ける

内拝殿・幣殿

ないはいでん・へいでん

豪壮な雰囲気の御社殿

緑深い畝傍山が背後に控え、屋根越しに黄金に輝く幣殿の千木や鰹木を望める。橿原神宮の年間祭典が行われる、非常に神聖な社殿である。

長山稲荷社

ながやまいなりしゃ

霊験あらたかな地主神

橿原神宮の末社だが、神宮創建以前から祀られていた。祭神は宇迦能御魂神、豊受気神、大宮能売神の3柱。

神気が満ちるような静寂な木立の中に丹塗りの鳥居が連なる

深田池

ふかだいけ

花鳥を愛でる万葉の池

畝傍山の斜面から流れる雨水を水源とする溜池で、奈良時代に築造された。面積は約1万5000坪、桜や野鳥観察の名所。

ここも訪ねたい。橿原の見どころ

宮都の遺構と、花に彩られた古刹へ

橿原は日本初の本格的都城が置かれた古代のロマンに満ちた土地。かつての栄華に思いを馳せたい。

大宝律令が発布された都の跡

藤原宮跡

ふじわらきゅうせき

MAP 付録P.14 C-2

持統天皇8年(694)から、和銅3年(710)に平城京へ遷都するまでの16年の間、都とされた藤原宮の跡地。ここから大和三山を望む眺めは重要眺望景観に指定されている。四季折々に花が咲き誇る、美しい場所だ。

☎0744-20-1123(橿原市観光協会)
所橿原市高殿町　開休料見学自由
交 近鉄・耳成駅から徒歩20分　P30台

大極殿院と朝堂院を区切る門を示すように、朱色の列柱が設置されている

仙人伝説にちなんだ寺

久米寺

くめでら

MAP 付録P.14 A-4

聖徳太子の弟である来目皇子が創建したと伝えられる。本尊の薬師如来は眼病に効くとされ、ユーモラスな逸話の残る久米仙人にちなんだ寺としても知られる。

☎0744-27-2470　所橿原市久米町502
開9:00~17:00　休無休　料400円
交 近鉄・橿原神宮前駅から徒歩5分
P20台

ユキヤナギやツツジ、アジサイが美しいことでも有名だ

京都の仁和寺から移築された多宝塔。禅宗の影響が見られる

花が彩る癒やしのお寺

おふさ観音

おふさかんのん

MAP 付録P.14 B-2

春と秋には約3800種ものバラが咲き誇るバラまつり、夏には涼しげな音色が鳴り響く風鈴まつり、秋から春にかけて境内に1000個以上の提灯を吊るす提灯まつりが行われる。

☎0744-22-2212　所橿原市小房町6-22
開9:00~16:00　休無休　料境内無料、本堂300円
交奈良交通バス・小房下車、徒歩5分
P30台

厄除け、子授け、認知症防止などにご利益があるという

花があふれる境内の光景が曼荼羅のようであることから「花まんだらの寺」とも呼ばれる

今井町

橿原市 いまいちょう

昔ながらの面影を残す通りは
町家を活用したカフェやレストランも多く、
商人の町らしい明るい雰囲気に包まれている。

重要伝統的建造物群保存地区に選定された街並み。
時代劇の撮影などにも使用されている

豪商たちの暮らしを思う
今井町 町家めぐり

自治都市として繁栄した近世の面影を色濃く残す情緒ある風景。町家の内部ものぞきながら歩きたい。

国内でも他に類をみない密集した伝統的建造物群

天文(てんぶん)年間(1532～55)に創建された称念(しょうねん)寺(じ)を中心に広がった寺内町の今井町。江戸時代には独自の紙幣「今井札(さつ)」も流通し、「大和の金は今井に七分」といわれるまでに発展したという。現在もその江戸時代の街並みが残されており、東西に約600m、南北に約300mという地区内には約500棟の伝統的建造物がある。歴史を感じながら、ゆっくり街を巡りたい。

今井まちなみ交流センター「華甍」

いまいまちなみこうりゅうセンター「はないらか」

MAP 付録P.15 F-2

散策前の下調べにぴったり

明治36年(1903)に高市(たかいち)郡教育博物館として建造され、その後は今井町役場として使われていた。現在は今井町の歴史をわかりやすく解説する資料を揃えた資料館となっている。

☎0744-24-8719 所橿原市今井町2-3-5 開9:00～17:00(入場は～16:30) 休無休(年末年始を除く) 料無料 交近鉄・八木西口駅から徒歩10分 P48台(30分以内無料)

明治建築らしい、重厚で華やかな建物

今西家住宅

内部の見学には予約が必要

いまにしけじゅうたく

MAP 付録P.15 E-1

今井町の自治を担った大邸宅

今井町の惣年寄の筆頭を務めた今西家の住宅。裁判所として使用され、お白洲といぶし牢が残っており、城郭のような八棟造りになっている。

☎0744-25-3388(十市県主今西家保存会) 所橿原市今井町3-9-25 開10:00〜16:30 休月曜 料500円 交近鉄・八木西口駅から徒歩15 P橿原市営今井西環濠広場駐車場利用16台(30分以内無料)

今井まちや館

いまいまちやかん

MAP 付録P.15 E-1

江戸の町家を復元した貴重な場所

本町筋(ほんまちすじ)の中央にある、18世紀初期に建てられた建物。痕跡資料に基づいて、当初の大型町家の姿を復元した。内部は座敷やかまど、つし二階(天井の低い2階)まで再現されており、江戸時代中期の生活の様子や雰囲気を感じることができる。

☎0744-22-1287 所橿原市今井町3-1-22 開9:00〜12:00 13:00〜17:00 休年末年始 料無料 交近鉄・八木西口駅から徒歩10分 P今井まちなみ交流センター「華甍」駐車場利用

室内を自由に見てまわれるので、じっくり見学したい

格子のついた虫籠窓があるのはつし二階部分

山門の横には明治天皇の行幸の際に行在所となったことを示す石碑が残る

称念寺

しょうねんじ

MAP 付録P.15 E-2

今井町の中核を担う寺院

16世紀に創建された浄土真宗の寺で、今井御坊(いまいごぼう)や南之御堂(みなみのみどう)とも呼ばれる。今井町はこの寺の境内を中心に発展してきた。黄金に輝く御堂はとても見応えがある。

☎0744-22-5509 所橿原市今井町3-2-29 開8:00〜17:00(要予約) 休無休 料無料 交近鉄・八木西口駅から徒歩12分 P12台(要予約)

旧米谷家住宅

きゅうこめたにけじゅうたく

MAP 付録P.15 F-1

蔵前座敷のある旧家

金具商、肥料商を営んでいた旧米谷家の住宅。かまどがある広い土間や、煙返しがある農家風の建物だ。裏庭には土蔵もある。

☎0744-23-8297 所橿原市今井町1-10-11 開9:00〜12:00 13:00〜17:00 休12月25日〜1月5日 料無料 交近鉄・八木西口駅から徒歩8分 P今井まちなみ交流センター「華甍」駐車場利用

切妻造りで本瓦葺きの建物

立ち寄り

六斎堂

ろくさいどう

ザラメの食感がアクセントの手作りカステラは、厳選された卵や特製蜜でしっとりとした味わい。プレーンのほか、抹茶、チョコなどもある。

MAP 付録P.15 F-2

☎0744-22-0806 所橿原市今井町2-10-29 営10:00〜17:00 休日〜火曜 交近鉄・八木西口駅から徒歩10分 Pなし

限定製造のため10斤以上の注文は予約を

六斎堂

プレーン 1斤1000円。半斤550円

謎に満ちた遺跡が残る素朴な村里

飛鳥

明日香村 あすか

巨大な石室や古代の壁画など、
ロマンと伝説に満ちた一日が過ごせる。
古代と変わらぬ陽の光と風が心地よい。

⇧棚田の稲穂が美しい飛鳥路。春夏秋冬さまざまな姿を楽しめる

牧歌的な風景のなかをゆったりと

古代と出会う
飛鳥路(あすかじ)サイクリング

古代の遺跡が村のあちこちに点在する。駅前で自転車を借り、美しい水田を脇目に、豊かな文化が花開いた土地を散策したい。

四季折々の顔を見せる飛鳥路(あすかじ)を目に焼き付ける

崇峻(すしゅん)天皇5年(593)に推古(すいこ)天皇が豊浦宮で即位してから持統(じとう)天皇8年(694)に藤原(ふじわら)京(きょう)へ遷都するまでの約100年の間、各天皇の宮が置かれた土地。その時代の遺跡・史跡の数々を見学できる。見どころは広範囲にわたっているので、自転車で移動するのがおすすめ。アップダウンはあまりないが、体力と相談して適度に休憩を。もちろんスピードを出す必要はない。

レンタサイクルはここで

まずは飛鳥駅前で自転車をレンタル。明日香レンタサイクルでは橿原営業所など、ほかの営業所での乗り捨てが可能(その逆も可)。電動アシスト付きのものや子ども用の自転車もある。

明日香レンタサイクル あすかレンタサイクル
☎0744-54-3919(代表) 営9:00～17:00 休荒雨天時 料1日900円(土・日曜、祝日1000円)、電動自転車1日1500円 乗り捨て料金別途200円

■飛鳥駅前営業所 MAP 付録P.16 B-4
所明日香村越13-1
交近鉄・飛鳥駅からすぐ

■橿原営業所 MAP 付録P.16 A-1
所橿原市久米町664-1
交近鉄・橿原神宮前駅からすぐ

橿原神宮駅東口
明日香レンタサイクル（橿原営業所）
GOAL
橿原神宮前駅
石川池
和田池
近鉄吉野線
甘樫丘
飛鳥
飛鳥水落遺跡
奈良文化財研究所 飛鳥資料館
飛鳥資料館
8 飛鳥寺
9 飛鳥坐神社
飛鳥寺跡
飛鳥大仏
蘇我入鹿首塚
P.77
奈良県立万葉文化館 P.95
飛鳥の郷 万葉人
亀形石造物
酒船石遺跡
万葉文化館西口
飛鳥川
この地域には亀形石造物や亀石など謎の石造物が多く残されている
岡寺駅
高取川
川原寺 3
P.111 めんどや
岡天理教前
飛鳥宮跡 7
岡寺 6
菖蒲池古墳
野口
亀石
川原
岡橋本
岡戒前
鬼の俎・鬼の雪隠 2
中央公民館
天武・持統陵
橘寺 4
岡寺前
P.116
café ことだま
石舞台古墳 5
欽明天皇陵
天武・持統陵
あすか野
石舞台
定林寺跡
0 300m
169
P.111 明日香の夢市・夢市茶屋
飛鳥駅
START
国営飛鳥歴史公園
高松塚
飛鳥駅
中尾山古墳
明日香村
明日香レンタサイクル（石舞台営業所）
明日香レンタサイクル（飛鳥駅前営業所）
MICHIMO
1 高松塚古墳・高松塚壁画館
飛鳥稲淵宮殿跡

1 高松塚古墳・高松塚壁画館
たかまつづかこふん・たかまつづかへきがかん

MAP 付録P.16 C-4

「飛鳥美人」の壁画を発掘

昭和47年（1972）の発掘調査で極彩色の壁画が発見された。藤原京期（694〜710年）に築造された二段式の円墳。隣の高松塚壁画館では壁画の模写や石槨の模型などを展示する。

☎0744-54-2441（飛鳥管理センター）／0744-54-3340（高松塚壁画館） 所明日香村平田 開古墳見学自由、高松塚壁画館9:00〜17:00（入館は〜16:30） 休無休 料高松塚壁画館300円 交近鉄・飛鳥駅から徒歩15分 P33台

↑被葬者は未だ謎に包まれている
←高松塚古墳の全貌を知ることができる壁画館

2 鬼の俎・鬼の雪隠
おにのまないた・おにのせっちん

MAP 付録P.16 C-3

巨大な花崗岩の遺構

鬼が付近を通る旅人を捕らえてまないたの上で調理をして食べ、雪隠（トイレ）で用を足したという伝説が残る巨大な石。実際は古墳の石室の床石と蓋石ではないかといわれている。

所明日香村野口 開休料見学自由
交近鉄・飛鳥駅から徒歩15分 Pなし

↑道の脇の高台には俎（左）が、高台の麓には雪隠（右）がある

3 川原寺
かわはらでら

MAP 付録P.17 D-3

飛鳥の四大寺のひとつ

☎0744-54-2043 所明日香村川原1109 開休境内自由（要問い合わせ） 料境内より入山料300円 交明日香周遊バス・川原下車、徒歩2分 Pあり（要問い合わせ）

7世紀半ば、天智天皇の創建と伝えられるが、未だ詳細は明らかではなく、謎の大寺ともいわれる。日本初の写経が行われた場所として『日本書紀』に記されている。現在は巨大な伽藍の跡地に塔跡などが残る。

←弘福寺に創建当時の柱石がそのまま残されている

移動時間◆約1時間40分

散策ルート

飛鳥駅 あすか

↓ 古墳への入口の反対側に飛鳥歴史公園館がある。 自転車で8分

1 高松塚古墳・高松塚壁画館 たかまつづかこふん・たかまつづかへきがかん

↓ 天武・持統陵の小高い丘が見える。 自転車で15分

2 鬼の俎・鬼の雪隠 おにのまないた・おにのせっちん

↓ 途中にある不思議な亀石も見ておきたい。 自転車で10分

3 川原寺 かわはらでら

↓ 通りを渡ってすぐ向かいが橘寺への入口。 自転車で2分

4 橘寺 たちばなでら

↓ 近くに明日香レンタサイクルの営業所がある。自転車で10分

5 石舞台古墳 いしぶたいこふん

↓ 明日香村の中心部を通る。岡寺前は急坂。 自転車で15分

6 岡寺 おかでら

↓ カフェやみやげ処でひと息入れたい。 自転車で10分

7 飛鳥宮跡 あすかきゅうせき

↓ 途中には奈良県立万葉文化館がある。 自転車で8分

8 飛鳥寺 あすかでら

↓ 飛鳥寺の西側には蘇我入鹿の首塚がある。 自転車で2分

9 飛鳥坐神社 あすかにいますじんじゃ

↓ 甘樫丘に立ち寄って村を眺めてもいい。 自転車で20分

橿原神宮前駅 かしはらじんぐうまえ

P.70に続く →

4 橘寺
たちばなでら

MAP 付録P.17 D-3

聖徳太子生誕地と伝わる

聖徳太子建立の七大寺のひとつ。伽藍は何度も焼失しており、現在のものは江戸時代以降に再建。本堂にはご本尊の聖徳太子坐像が安置されている。

善と悪の顔が彫られた二面石

☎0744-54-2026 所明日香村橘532 開9:00～16:30 休無休 料400円 交明日香周遊バス・川原下車、徒歩3分 P20台

元治元年(1864)に再建された本堂

立ち寄り

飛鳥の郷 万葉人
あすかのさと まんようびと

キトラ四神をプリントした「キトラ四神クッキー」「古代米」などの飛鳥ブランド認定品を販売。

古代緑米粉を使ったキトラ四神クッキー8枚入り1200円

万葉文化館の隣に位置するおみやげ処

MAP 付録P.17 E-2

☎0744-54-5456 所明日香村岡410 営10:00～17:00 休月曜 交明日香周遊バス・万葉文化館西口下車すぐ P万葉文化館駐車場利用

あすか特産品

古代米(黒・赤・緑)各35g200円

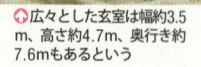

広々とした玄室は幅約3.5m、高さ約4.7m、奥行き約7.6mもあるという

5 石舞台古墳
いしぶたいこふん

MAP 付録P.17 F-3

飛鳥の里を代表する巨大な古墳

6世紀末～7世紀前期に造られた国内最大級の方墳。被葬者は蘇我馬子(そがのうまこ)という説が有力。盛り土が失われて、巨大な石による横穴式石室が露出している。天井石(南側)の重さは約77t。積み上げられた30個ほどの石の総重量は約2300tにもなる。玄室内に入ることができる。

☎0744-54-3240((一社)飛鳥観光協会) 所明日香村島庄 開9:00～17:00(入場は～16:45) 休無休 料300円 交明日香周遊バス・石舞台下車すぐ P200台(有料)

石でできた舞台のようなたたずまいが名前の由来という説がある

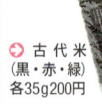

6 岡寺
おかでら

MAP 付録P.17 F-3

日本最初の厄除け霊場

正式名称は龍蓋寺だが、岡山の中腹にあることから岡寺と呼ばれる。ご本尊の如意輪観音菩薩は弘法大師が日本、中国、インドの土をもって造ったとされる。高さ4.85mの日本最大の塑像。

4～5月にかけては約3000株ものシャクナゲが境内を彩る

☎0744-54-2007 所明日香村岡806 開8:30～17:00(12～2月は～16:30) 休無休 料400円 交明日香周遊バス・岡寺前下車、徒歩10分 Pあり

宮殿だけでなく庭園や工房、祭祀施設の遺構も発見されている

7 飛鳥宮跡
あすかきゅうせき

MAP 付録P.17 E-2

複数の宮殿が重なった遺跡

大化の改新の舞台となった飛鳥板蓋宮の跡地。近年の発掘調査で3時期の宮殿が重なって存在していることが判明した。

☎0742-27-9866(奈良県立文化財保存課) 所明日香村岡
開休料見学自由 交明日香周遊バス・岡橋本下車、徒歩5分 Pなし

8 飛鳥寺
あすかでら

MAP 付録P.17 E-2

飛鳥大仏を安置する寺

6世紀末に蘇我馬子が創建した日本最古の本格的仏教寺院。創建当初は一塔三金堂式の壮大な伽藍を有していたが、現在は本堂を残すのみ。本尊の釈迦如来坐像(飛鳥大仏)は重要文化財。

本堂は江戸時代に再建されたもの

☎0744-54-2126 所明日香村飛鳥682 開9:00～17:15(10～3月は～16:45) 休4月7～9日 料350円 交明日香周遊バス・飛鳥大仏下車すぐ P20台(有料)

推古天皇17年(609)に作られた日本最古の仏像。アーモンド形の眼を持ち、「飛鳥大仏」と呼ばれ親しまれている

9 飛鳥坐神社
あすかにいますじんじゃ

MAP 付録P.17 E-1

祈りの原型を残す神社

創建の年代は不明だが、『延喜式神名帳』にも名が残る古社。毎年2月に行われる奇祭・おんだ祭が有名で、全国から多くの客が訪れる。

社殿は2001年に再建

☎0744-54-2071 所明日香村飛鳥708 開休料境内自由 交明日香周遊バス・飛鳥大仏下車、徒歩5分 P10台

橿原神宮前駅に戻る前に立ち寄り

村や大和三山を見渡す丘へ

山頂までは坂道だが、時間と体力に余裕があれば訪れたい。

甘樫丘
あまかしのおか

MAP 付録P.17 D-1

標高148mの丘陵地。眼下には明日香村や藤原宮跡が広がる。「万葉の植物園路」は『万葉集』で詠われた植物を観察できる散策路。

北西方向には畝傍山(うねびやま)が見える

☎0744-54-2441(飛鳥管理センター)
所明日香村豊浦 開休料見学自由
交明日香周遊バス・甘樫丘下車すぐ P29台

修験の山に名高い桜が咲き誇る

吉野

吉野町 よしの

奈良中心部から電車で南へ45kmほど。修験道発祥の地である神聖な山がそびえる。この地に隠棲した人々の逸話も興味深い。

桜の開花時期の目安

3月 4月

下千本
中千本
上千本
奥千本

※開花時期は年により異なります。最新の情報をご確認ください

花見の際のポイント

一帯で実施される交通規制に注意
混雑時にはマイカーの通行規制がとられる。公共交通機関の利用がベター。

臨時バスを上手に活用
観桜期には近鉄・吉野駅や郊外駐車場から中千本公園まで臨時バスが運行される。

⇧上千本は高低差が大きく遠くまで見晴らすことができる

古来多くの人々を魅了してきた華やぎ

桜舞う吉野山の春 世界遺産

山々を埋め尽くす数万本の桜は日本一とも称され、季節になると全国から花見客が押し寄せる。名物の味覚とともに、古代から続く絶景を堪能したい。

山岳信仰から生まれた桜の名所 由緒ある寺社を薄紅色が包み込む

桜の名所・吉野の始まりは、修験の聖地として山が開かれた約1300年前に遡る。役行者が吉野に金峯山寺を創建し、桜の木で本尊を刻んだことから参詣者が桜を寄進し、山を覆い尽くすまでになった。16世紀末には豊臣秀吉が盛大な花見の宴を催している。吉野はまた、源義経が隠れ住み、後醍醐天皇が南朝を置いた歴史の舞台。ゆかりの寺社が山中に点在する。

上千本
かみせんぼん

眼下に広がる満開の桜は絶景

標高約390〜600m。竹林院群芳園から上あたりを指す。花矢倉展望台から吉野山全体を見下ろす大パノラマは壮大。金峯山寺の蔵王堂の堂々たる姿まで見ることができる。

観賞ポイント

花矢倉展望台 MAP 付録P.19 E-2

下千本
しもせんぼん

最も早く開花を迎える吉野山の入口

金峯山寺あたりまでを指し、標高は約230〜350m。昭憲皇太后御野立跡碑からは下千本全体が見渡せる。カーブが続く七曲り坂は、曲がるたびに新しい景色が広がる。

観賞ポイント

七曲り坂 MAP 付録P.18 C-3 **昭憲皇太后御野立跡碑** MAP 付録P.18 C-3

⇨昭憲皇太后御野立跡碑からは七曲り坂を埋め尽くす一面の桜が見える

近鉄吉野線
駐車場前
吉野駅
千本口駅
葛の元祖 八十吉
昭憲皇太后御野立跡碑
吉野ロープウェイ
吉野山駅
七曲り坂
吉野山駅
船岡山
下千本
萬松堂
金峯山寺
吉水神社
如意輪寺
金峯山寺前
勝手神社前
五郎兵衛茶屋
醍予
中千本
P.90 竹林院 群芳園
如意輪寺口
竹林院前
近畿自然歩道
花矢倉展望台
吉野水分神社
上千本
大峯奥駈道 P.28
奥千本口
金峯神社
青根ヶ峰
奥千本
西行庵
0 500m
N

注目ポイント

吉野の「シロヤマザクラ」

古くから和歌にも登場する日本原産の桜。吉野には約3万本もの桜が密集している。ライトアップされた様子も幻想的。

「一目に千本見える豪華さ」という意味の「一目千本」という言葉がよく似合う景色だ

中千本

なかせんぼん

店や食事処も並ぶ吉野山の中腹

吉野山の中心地。標高約350～390m。豊臣秀吉(とよとみひでよし)が花見をしたという吉水神社(よしみずじんじゃ)がある。境内から見る中千本・上千本の桜はまさに「一目千本」。中ほどにある五郎兵衛(ごろべえ)茶屋からの眺めもおすすめだ。

観賞ポイント 吉水神社 ➡P.75

ほかのエリアが散ったあとでも奥千本では桜を楽しめる

奥千本

おくせんぼん

吉野山の山奥でひっそりと咲く桜

標高は約600～750m。金峯神社(きんぷじんじゃ)よりさらに奥、自然のパワーを感じられるエリア。平安時代末期の歌人、西行(さいぎょう)が過ごしたという西行庵(さいぎょうあん)周辺も桜に包まれる。

観賞ポイント 金峯神社 ➡P.75　西行庵 ➡P.79

桜とともに楽しみたい郷土の美味

吉野 名物の味わい

下千本から中千本を中心に老舗が連なる。

醍予

だいよ

赤穂(あこう)の塩でしめた国産の鯖や肉厚の鮭に、福井産コシヒカリと近江米をブレンドした酢飯が西吉野の柿の葉となじんで上品な味わい。観桜期には店内で食べることができる。

MAP 付録P.19 D-3

☎0746-32-1177
所 吉野町吉野山937-3
営 9:30～17:00(売り切れ次第終了)　休 不定休
交 ロープウェイ吉野山駅から徒歩15分　P なし

単品は鯖が150円、鮭が160円。鯖・鮭の詰め合わせ10個入り1600円

吉水神社近く。店頭で手作りしている様子も見られる

葛の元祖 八十吉

くずのがんそ やそきち

江戸時代創業の吉野本葛の老舗。下千本駐車場の前に店を構え、葛きりや葛餅で、伝統製法で作った本物の吉野葛を堪能できる。店内から望む見事な景色もごちそう。

MAP 付録P.18 C-3

☎0746-32-8739
所 吉野町吉野山25
営 11:00～17:00
休 水・木曜(観桜期は無休)
交 ロープウェイ吉野山駅から徒歩5分　P あり

天女の羽衣を映す生葛きり「吉野天人」880円

山間を望む開放的なテラス席

萬松堂

まんしょうどう

蔵王堂門前にある和菓子の老舗。一年中桜を楽しんでほしいと考案された「さくら羊羹」が名物。毎朝作りたてを供する草餅は昭和天皇にも献上した自慢の味。

MAP 付録P.18 C-3

☎0746-32-2834　所 吉野町吉野山448　営 9:00～17:00(観桜期9:30～売り切れ次第閉店)　休 火曜、ほか不定休(4月は無休)　交 ロープウェイ吉野山駅から徒歩8分　P なし

桜と山の緑を表現したさくら羊羹1本980円

草餅、桜餅、花見団子各1個150円は散策のおやつにも最適。10個入りは1400円

四方約36m、高さ約34m。木造古建築としては東大寺大仏殿に次ぐ大きさ

吉野の桜との調和も美しい

蔵王権現像を祀る修験道の聖地

金峯山寺

きんぷせんじ

世界遺産

山岳信仰を基にした修験道の根本道場
歴史を感じさせる蔵王堂と仁王門は荘厳

修験道の総本山。7世紀に役小角(えんのおづぬ)が金峯山で厳しい修行をして感得した金剛蔵王大権現を桜に刻み、蔵王堂に祀ったのが起源といわれている。明治政府が発布した修験道廃止令により明治7年(1874)には廃寺となるが、同19年に天台宗修験派として再興、昭和23年(1948)には金峯山修験本宗となった。節分には「福は内、鬼も内」と豆をまくと鬼がひれ伏して改心するという独特の豆まきが行われる。

MAP 付録P.18 C-3

☎0746-32-8371 所吉野町吉野山2498
開8:30〜16:00 休無休
料境内無料、蔵王堂800円(金剛蔵王権現像の御開帳時は1600円) 交ロープウェイ吉野山駅から徒歩10分 Pなし

↑中尊・右尊・左尊の3体からなる

蔵王堂 国宝

ざおうどう

高さ約7mのご本尊を安置する本堂

白鳳(はくほう)年間に役小角(えんのおづぬ)によって創建されたという本堂。秘仏の金剛蔵王大権現を安置している。重層入母屋(いりもや)造り、檜皮(ひわだ)葺きの優美な建物だ。

金剛蔵王権現像の詳細は➡P.88

仁王門

におうもん

高さ約5mの仁王像が立つ

南北朝争乱の戦火を耐え抜いた、寺内に現存する最古の建造物。門の左右に安置されている仁王像は重要文化財だ。2028年(予定)まで修理が行われている。

→東大寺・南大門の金剛力士像に次ぐ大きさ

ここも訪ねたい。吉野の見どころ

世界遺産の古社や、由緒ある仏閣

一帯は「紀伊山地の霊場と参詣道」として世界遺産に登録。構成資産の神社など見どころが点在する。

貴重な文化財を多数展示

吉水神社
よしみずじんじゃ

世界遺産

MAP 付録P.18 C-3

☎0746-32-3024
所 吉野町吉野山579
開 9:00〜16:30
休 無休　料 600円
交 ロープウェイ吉野山駅から徒歩17分　P 8台(4月は利用不可)

もとは白鳳時代に役小角が創建した修験宗の僧坊だったが、明治の神仏分離令で神社となった。源義経と静御前が身を隠したという逸話が残る。初期の書院造りの傑作といわれる書院には源義経、後醍醐天皇の遺品や宝物が展示されている。

➡南北朝時代に後醍醐天皇の行宮であった。書院内には玉座の間が残る

秀吉も祈願した子授けの神

吉野水分神社
よしのみくまりじんじゃ

世界遺産

MAP 付録P.19 E-2

☎0746-32-3012(宮司宅)
所 吉野町吉野山1612
開 8:00〜16:00(4月は〜17:00) ※早く閉門することあり　休 不定休　料 無料　交 吉野大峯ケーブルバス・奥千本口下車、徒歩20分　P 2〜3台

水の分配を司る天之水分大神を主祭神とする。子守宮とも呼ばれ、子どもの守護神としても信仰が篤く、豊臣秀吉がかつて子授け祈願をしたことでも多く知られる。世界遺産「紀伊山地の霊場と参詣道」の構成資産のひとつとして登録されている。

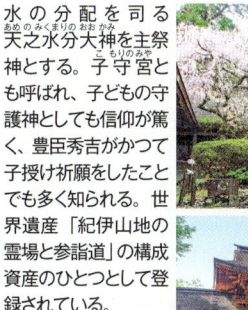

➡境内に咲く桜も美しい(上)、豊臣秀頼によって建てられた社殿(下)

「北面の御陵」が残る

如意輪寺
にょいりんじ

MAP 付録P.19 D-2

☎0746-32-3008　所 吉野町吉野山1024　開 9:00〜16:00(桜の時季7:00〜17:00)　休 不定休　料 500円　交 吉野大峯ケーブルバス・如意輪寺口下車、徒歩10分　P 150台(桜の時季は有料)

延喜年間(901〜923)創建。本堂の裏手には後醍醐天皇の御陵・塔尾陵があるが、天皇家の墓陵としては唯一北向きという珍しいもの。楠正行が辞世の歌を書き残した扉、日本最大の石の不動尊「難切り不動尊」は必見だ。

➡本尊は如意輪観世音菩薩(上)、多宝塔前には樹齢150年のしだれ桜がある(下)

奥千本に建つ古社

金峯神社
きんぷじんじゃ

世界遺産

MAP 付録P.19 F-1

☎0746-32-3012(宮司宅)
所 吉野町吉野山1651
開休料 拝観自由
交 吉野大峯ケーブルバス・奥千本口下車、徒歩10分
P なし

吉野山の地主神、金山毘古神を祭神とする神社。創建については不詳。中世以降修験道の行場として知られることとなる。社殿を下った先には、追手に追われた源義経が身を潜めたという義経隠れ塔が建つ。

➡世界遺産「紀伊山地の霊場と参詣道」の構成資産のひとつ

歴史

あおによし奈良の都の歴史ミステリーを追う

日本のはじまりを探る旅

弥生の大集落から卑弥呼の墓ともいわれる纏向の古墳、聖徳太子や推古天皇と蘇我氏一族との攻防、飛鳥文化から白鳳文化、天平文化へ…。奈良には今も古代の風が流れている。

古墳時代

巨大前方後円墳は何を語る
日本有数の古墳群

弥生時代の唐古・鍵遺跡から纏向の大集落へ 箸墓の出現が古墳時代の一大エポックとなる

奈良盆地中央部にある、楼閣が描かれた土器で知られる唐古・鍵遺跡は、弥生時代からの広大な環濠集落で、ここに一大勢力の拠点があったと考えられている。しかし、3世紀には衰退し、次に現れたのが三輪山の麓に展開する纏向の大規模な集落だった。ここにはホケノ山古墳などの大型の前方後円墳や前方後方墳がいくつもあるが、なかでも3世紀の中頃に築かれた箸墓（箸中山）古墳は圧倒的な規模を誇り、その埋葬者は、造築に必要とする労働力を考えると、倭の王クラスの人物ではないかとされる（倭迹迹日百襲姫命に比定されている）。

古墳時代は、一般に3世紀半ばから7世紀末までを指すが、4世紀中頃から末にかけての奈良盆地には、その北部に位置する佐紀に王墓を含む巨大前方後円墳・佐紀古墳群が築かれている。一方、南へ転じて飛鳥の里では、壁画が有名な高松塚古墳は終末期、蘇我馬子の墓といわれる石舞台古墳は7世紀初め、天文図で話題のキトラ古墳は8世紀初め頃に造られたとされる。

邪馬台国は奈良にあった?
纏向遺跡が邪馬台国最有力候補

江戸時代から「邪馬台国はどこ?」という論争が九州説と畿内説との間で繰り広げられてきたが、2009年、桜井市の纏向遺跡で大型の建物跡が発掘され、「女王卑弥呼の宮殿か」と報道され、大きな話題となった。出土した4棟の建物跡は規則的に配置されていたことから、高床式建物が立ち並んでいたものとみられている。『魏志倭人伝』の記述から、箸墓古墳は卑弥呼の墓だという見解もある。邪馬台国論争は続くが、今後の発掘調査や『魏志倭人伝』のさらなる読み込みなどに期待したい。

箸墓古墳
はしはかこふん

三輪 MAP 付録P.13 E-4

3世紀後半に築造された、全長282mの最古級の前方後円墳で、その造られた年代と規模、場所を根拠に卑弥呼の墓とする説も。「昼は人が造り、夜は神が造った」という伝説がある。

交 JR巻向駅から徒歩20分
P なし

垂仁天皇陵（宝来山古墳）
すいにんてんのうりょう（ほうらいやまこふん）

西の京 MAP 付録P.11 D-3

水をたたえた濠に浮かぶ、全長約227mの古墳時代初期に造られた前方後円古墳。近くに浮かぶ小さな島は、天皇を追って自死した田道間守（たじまもり）の墓と伝えられている。

交 近鉄・尼ヶ辻駅から徒歩3分
P 要問い合わせ

佐紀三陵
さきさんりょう

佐保路・佐紀路 MAP 付録P.10 B-3

3古墳はそれぞれ成務天皇陵、日葉酢媛命陵、称徳天皇陵とされ、すべて宮内庁の管轄。

交 近鉄・平城駅から徒歩10分
P なし

開化天皇陵（念仏寺山古墳）
かいかてんのうりょう（ねんぶつじやまこふん）

奈良公園周辺 MAP 付録P.6 B-2

全長約100mの前方後円墳。被葬者とされる開化天皇（第9代）は欠史八代のひとり。

交 近鉄奈良駅から徒歩7分
P 近隣駐車場利用（有料）

飛鳥時代

厩戸皇子がしたことは史実か？
変わりゆく聖徳太子像

推古天皇を助け、多くの施策を実行した聖徳太子は数々の伝説を生みながら今も人々に慕われる

聖徳太子（厩戸皇子）は用明天皇の第二皇子として敏達天皇3年（574）に生まれ、崇峻天皇5年（593）に推古天皇が即位すると摂政となった。才能のある人材を採用するための冠位十二階、「和を以て貴しと為し」で知られる十七条憲法など、仏教を篤く信仰しながら天皇国家の中央集権体制を目ざす政策を打ち出し、推古天皇30年（622）に斑鳩宮で没した。

聖徳太子は早くから伝説化し、奈良時代にはすでに太子信仰がみられ、各地に太子が登場する民話が残っている。一方で、数々の業績や10人の話を同時に聞く能力などの逸話は、古くからどこまでが史実か疑問視されており、はては聖徳太子の存在自体を『日本書紀』作者が捏造した虚構だと主張する学者もいるほど。なお近年の歴史の教科書では、死後100年以上経過してから付された聖徳太子という尊称を避け、生存当時の呼称である厩戸皇子（または厩戸王）の名で表記することが一般化しており、旧1万円札でおなじみだった聖徳太子像も、現在ほかの人物である説が有力で、外されたり「伝・聖徳太子」などとされることも多い。

蘇我三代 親子3代による権力闘争の果て

聖徳太子と同時代に大勢力を誇ったのが、馬子、蝦夷、入鹿3代の蘇我一族。用明天皇2年（587）、馬子は対立していた物部守屋を滅ぼし、その後も崇峻天皇を暗殺、姪の推古天皇を即位させ、実権を掌握した。馬子の死後も、聖徳太子の子ら上宮王家の殺害をはじめ、蝦夷・入鹿による専横が続いたが、中大兄皇子と中臣鎌足による乙巳の変で入鹿が暗殺され蝦夷も自害した。記紀では蝦夷と入鹿は悪しざまに書かれているが、聖徳太子の業績に深く関わったと推測されている。

蘇我入鹿首塚
そがのいるかくびづか

飛鳥 MAP 付録P.17 E-2

中大兄と鎌足が最初に出会った場所のあたりで、ここまで入鹿の首が飛んできたという。

交 奈良交通バス・飛鳥大仏下車、徒歩4分

P なし

飛鳥寺 ➡P.71
あすかでら

飛鳥 MAP 付録P.17 E-2

開基は蘇我馬子。本尊の飛鳥大仏は推古天皇が仏師の鞍作止利（くらつくりのとり）に造らせた。

仏教の隆盛と最初の仏像の誕生から律令国家の黎明期へ

飛鳥文化と白鳳文化

仏教の公伝がもたらした未曾有の文化的衝撃を経て、ヤマトの地にも仏教文化の風が吹き始める。はるか異国からの文化や技術を取り入れながら模索が続いてゆく。

国際色豊かに開化する仏教文化の流れ

飛鳥文化は、時期的には仏教の公伝と乙巳の変（大化の改新）との間に広がった、飛鳥地方を中心とする最初の仏教文化。国際色にも富んだ文化でもあり、南北朝時代の中国や、朝鮮半島の百済、ギリシャ、西アジア、さらにインドなどの影響もみられるとされる。寺院建築では法隆寺、中宮寺、飛鳥寺、広隆寺、仏像では法隆寺・釈迦三尊像や百済観音、飛鳥寺・飛鳥大仏などが知られる。

白鳳文化は乙巳の変と平城京への遷都との間で発展した文化で、飛鳥文化から天平文化への移行期にあたる。律令制国家が本格的に動き出した時期で、唐や朝鮮半島、インド、西アジアなどの文化にも影響を受ける。仏像では法隆寺・銅造阿弥陀三尊像や興福寺・仏頭、薬師寺・薬師三尊像など。絵画では法隆寺・金堂壁画や高松塚古墳壁画が有名。

法隆寺の柱は、柱の上下を徐々に細くするエンタシス式の技法が用いられている

飛鳥大仏は飛鳥寺の本尊で、釈迦如来坐像（P.71）

薬師寺・薬師三尊像（P.85）。台座などに国際色を見て取ることができる

奈良時代

見渡せばお寺ばかりの平城京
あおによし仏都

平城京は遷都の時期、すでに48もの寺院が建っていた「寺の都」だったという

元明天皇は和銅3年(710)に藤原京から平城京へ遷都し、律令国家の首都としたが、同時に多くの仏教寺院を擁する仏都としての側面も持った。とにかく寺が多く、藤原京から移転された四大寺(大安寺、薬師寺、興福寺、元興寺)をはじめ、聖武天皇の発願で創建された東大寺(総国分寺)、道鏡の影響もあるという称徳天皇による西大寺、聖徳太子に縁の深い法隆寺、鑑真が開基の唐招提寺、聖武の后・光明皇后が建てた総国分尼寺の法華寺や新薬師寺などが挙げられる。ただ、当時の仏教は聖武天皇が目的とした護国国家のための宗教で、一般の人々には無縁のものだった。

奈良時代の僧侶はいわばエリートで、彼らにとって仏教は「南都六宗(法相宗・倶舎宗・三論宗・成実宗・華厳宗・律宗)」を学ぶことによって悟りを開くことを主眼とし、寺はそうした僧侶、つまり「学生」の修行の場であった。一方、天皇や豪族にとって仏教は国家の安泰を図り、災厄から守るための政治的な側面を持っていた。その意味で行基は例外的な僧だった。寺から外に出て、苦しむ農民を助け、多くの社会事業も遂行した。朝廷は弾圧を繰り返すが民衆の支持は圧倒的で、結果的に聖武天皇により東大寺・盧舎那仏坐像(奈良の大仏)造築の責任者に抜擢された。

東大寺は、平城京域の東外に位置していた

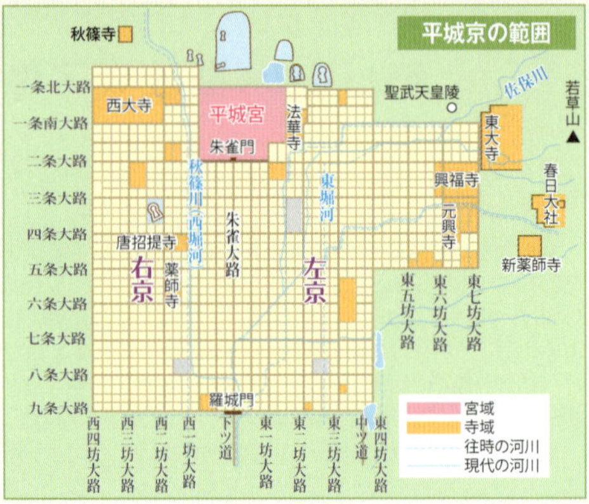
平城京の範囲
秋篠寺
一条北大路
一条南大路
二条大路
三条大路
四条大路
五条大路
六条大路
七条大路
八条大路
九条大路
西大寺
平城宮
朱雀門
法華寺
聖武天皇陵
佐保川
若草山
東大寺
興福寺
春日大社
元興寺
新薬師寺
秋篠川(西堀河)
朱雀大路
東堀河
唐招提寺
薬師寺
右京
左京
羅城門
東五坊大路
東六坊大路
東七坊大路
西四坊大路
西三坊大路
西二坊大路
西一坊大路
下ツ道
東一坊大路
東二坊大路
東三坊大路
中ツ道
東四坊大路
宮域
寺域
往時の河川
現代の河川

鑑真 東大寺大仏殿の戒壇で戒を授ける

天平勝宝6年(754)、聖武太上天皇や光明皇太后ら300人以上に授戒が行われた。戒律の不備を正すために唐より招かれた鑑真が東大寺に築いた戒壇での儀式だった。鑑真の日本への渡海は苦難の連続で、12年間6度にわたった。失明という困難に遭いながら入京。天平宝字6年(759)には唐招提寺を創建した。

唐招提寺の奥にある鑑真の墓所・開山御廟

多くの傑作仏像、仏教建築が奈良の都に生まれた

天平に花開く仏教文化

国際都市だった唐の都・長安から、遣唐使の留学生が学んだ政治や制度、文化が持ち込まれた。聖武の鎮護国家思想を背景に、唐の影響を受けた貴族的で雄大な仏教文化が誕生する。

仏教美術の最高傑作を生んだ文化

聖武天皇(在位724~749年)の天平年間(729~749年)に、唐の影響を強く受けた仏教文化で、平城京を中心に栄えた。シルクロード経由で唐に伝播したインドや西アジアの文化も、遣唐使を媒介にして日本にも到達している。建物では東大寺、法華寺など、仏像では東大寺・盧舎那仏坐像、興福寺・阿修羅像、唐招提寺・鑑真和上坐像、聖林寺・十一面観音菩薩立像、詩歌では『万葉集』や『懐風藻』などが代表的なものとして知られる。

幾多の戦火や天災に見舞われてきた東大寺のなかでも、転害門は天平時代の姿をとどめる数少ない建物のひとつ

大仏も修復が繰り返されてきたが、台座など一部が天平時代のまま

吉野の何が多くの人を惹きつけるのか?

桜の隠れ里・吉野を訪れた人々

役小角の昔から修験道の聖地として知られた吉野の桜は、御神木として献木されてきた。シロヤマザクラが染める吉野山に西行が詠い、義経が隠れ、後醍醐天皇が南朝を構え、秀吉が遊ぶ。

⬆多くの歴史的人物が愛した吉野の桜。約3万本が下千本から花を開く

西行は吉野の桜に何を見た?

「願わくば花の下にて春死なむその如月の望月の頃」。西行(1118〜1190年)のあまりにも有名な辞世の句だ。西行が鳥羽院の北面の武士を辞して出家したのは23歳の頃。出家の原因は友人の死、あるいは失恋など、諸説ある。29歳の頃には吉野山の金峯神社の近くに庵を結び、3年間を過ごしたとされる。この場所は吉野山の奥千本にあたるところで、「なにとなく春になりぬと聞く日より心にかかるみ吉野の山」などの歌を数多く残している。

西行庵

さいぎょうあん

吉野 MAP 付録P.19 F-1

吉野で西行が隠棲したとされる庵。桜もいいが、新緑や紅葉のシーズンも格別。西行が結んだ庵は日本各地に点在するが、そのひとつ。名水「苔清水」も近くにある。

交吉野大峯ケーブルバス・奥千本口下車、徒歩20分　Pなし

秀吉主催の破天荒な一大イベント

文禄3年(1594)、秀吉は徳川家康や伊達政宗ら武将と茶人、能楽師、連歌師らを従えて吉野山を訪れ、中千本の吉水神社を本陣として5日間にわたる花見に興じ、一目千本を見て歓声を上げたという。参加者は5000人にのぼった。このとき秀吉は役小角が創建したとされる金峯山寺の蔵王堂にも参詣している。この賑やかな様子は『豊公吉野花見図屏風』(京都・細見美術館蔵)で見ることができる。派手好きで華美を好んだ秀吉の面目躍如だ。

しづやしづ、と静御前は舞った

平家が壇ノ浦の合戦で滅亡すると、義経は鎌倉に向かうが、頼朝によって鎌倉入りが許されず、京に帰ることとなる。京都では後白河法皇主催の雨乞いの儀式で白拍子の静に出会う。義経を討つべく頼朝が軍を派遣すると義経は静を伴って吉野山に向かうが、吉野山は女人禁制の山。ここで静との別れを決意。静は捕まってしまう。義経をめぐる吉野での伝説は吉水神社や勝手神社、佐藤忠信花矢倉などに残り、義経隠れ塔・蹴抜の塔から義経は吉野をあとにしたという。

つるべすし 弥助

つるべすしやすけ

下市 MAP 付録P.3 F-3

歌舞伎『義経千本桜』の「すし屋」の舞台となった老舗で数々の文化人も足を運んだ。名の由来は鮨を入れていた桶が井戸水を汲むつるべの桶に似ていたことから。鮎の腹に酢飯を詰めた素朴な逸品だ。現在は焼あゆ山椒ずしを主に展開。部屋から望める庭園が美しい。☎0747-52-0008　所下市町下市533　営11:30〜20:00(要予約)休水曜　交奈良交通バス・下市本町下車すぐ　P4台

建武の中興の挫折から吉野朝廷へ

鎌倉幕府を倒した後醍醐天皇は天皇を中心とする建武の新政を実施するが、武士の不興を買う。有力な武将・足利尊氏は新政に失望した武士たちを集めて離反、天皇は新田義貞に尊氏の追討を命じるが敗北。さらに湊川の戦いで楠木正成も撃破され、尊氏は京に入った。これにより建武の新政は2年半で失敗に終わる。尊氏が北朝を立てると、後醍醐天皇は吉野に逃れて南朝を成立させる。吉野朝廷と北朝の抗争はその後約60年続く。

吉水神社 ➲P.75

よしみずじんじゃ

吉野 MAP 付録P.18 C-3

かつては吉水院という僧坊で、明治期に現在の名称に。後醍醐天皇の吉野朝廷の皇居があった場所で、義経や静御前が隠れ住んだところでもある。秀吉は花見の本陣とした。

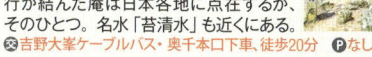

※吉野山ロープウェイは観桜期を除き金〜月曜のみの運行。冬期休業あり

万葉に詠われた土地に立って古代に遊ぶ

『万葉集』で巡る奈良

どうしてここに雄略天皇の、家持の歌碑があるのか、あれが大和三山…?『万葉集』を片手に、好奇心と想像力を駆使し、古代飛鳥を夢想しながら、ゆかりの土地を自在に散策してみる。

万葉びとの豊かな情感を読んでみる

「新しき年の始の初春の今日降る雪のいや重け吉事」(巻二十の四五一六)。これが『万葉集』最後の歌で、編者とされる(諸説ある)大伴家持が天平宝字3年(759)に詠った、家持の最後の歌でもある。『万葉集』は7世紀後半〜8世紀後半に編纂された日本最古の和歌集で、20巻、約4500首からなる。これらは天皇や貴族、役人、防人、庶民などさまざまな身分の人々によって詠われた。当時、まだ仮名はなかったので、漢字の音訓で日本語を表現する万葉仮名で表現された。

また、『万葉集』は文学としてばかりではなく、民俗資料としても重要で、当時の食事やおやつ、庶民の服装、洗濯の様子、方言、あるいはおおらかな娯楽の習慣などを、生活レベルで知ることもできる。『万葉集』の楽しみ方はさまざまだ。

籠もよ　み籠持ち　ふくしもよ　みふくし持ち
この岡に　菜摘ます児　家告らせ
名告らさね　そらみつ　大和の国は
押しなべて　我こそ居れ　しきなべて
我こそいませ　我こそば　告らめ
家をも名をも　(雄略天皇 巻一の一)

『万葉集』の最初の歌。大意は「この岡で良い籠と箆を持って若菜を摘んでいる乙女たちに家と名前を問い、自分はこの国を治めている者、ならば私が名前を名のろう」。雄略天皇は泊瀬朝倉に宮を置いたが、それは白山比咩神社あたりだと、日本浪漫派で知られる文芸評論家・保田與重郎は推定している。

白山比咩神社

しらやまひめじんじゃ

桜井 MAP 付録P.3 D-2

『万葉集』巻一の一の歌碑が立つ。祭神は白山比咩(しらやまひめ)と菅原道真(すがわらのみちざね)。保田與重郎はこのあたりを泊瀬朝倉宮の宮跡と推定した。

☎0744-42-9111(桜井市観光まちづくり課)
所 桜井市黒崎　開 休 料 境内自由
交 近鉄・大和朝倉駅から徒歩20分　P なし

香具山は　畝火ををしと　耳梨と　相争ひき
神代より　かくにあるらし　いにしへも
然にあれこそ　うつせみも　嬬を　争ふらしき
(中大兄皇子 巻一の一三)

大意は「香具山は畝傍山を耳成山と妻をあらそったそうだ。昔からそうだったので今も人は妻をあらそうのだろう」。大和三山の妻争いは伝説として『播磨国風土記』に見られる。ここでは、額田王をめぐる中大兄皇子と弟・大海人皇子との妻争いを思い出させる。

↑甘樫丘(P.71)から大和三山を望む

見れど飽かぬ　吉野の川の　常滑の
絶ゆることなく　また還り見む
(柿本人麻呂 巻一の三七)

柿本人麻呂が持統天皇の吉野行幸に同行したときに詠った歌。「見飽きることのない吉野川は常に流れ続ける。いつまでも絶えることなく吉野の宮を繰り返し見よう」というもの。吉野宮讃歌で当時、吉野は朝廷にとって聖地であり、持統天皇にとっては思い出の場所だった。

↓吉野川上流、宮滝の吉野宮に各天皇がたびたび行幸した

春日山原始林内にある遊歩道は全長約9.4km。紅葉の頃が美しい

雨隠り　情いぶせみ　出で見れば
春日の山は　色づきにけり

（大伴家持　巻八の一五六八）

歌意は「雨で家にこもってうっとうしいので、外に出てみると、春日の山が色づいているな」。家での長雨の重苦しい気分と、外の紅葉している春日山の光景との対比が、人の心の変化も思わされる。春日山原始林は春日大社の聖域で、国の特別天然記念物に指定、世界文化遺産でもある。周回する遊歩道が整備されている。

三輪山を　しかも隠すか　雲だにも
情あらなも　隠さふべしや

（額田王　巻一の一八）

歌意は「三輪山をどうしてそのように隠すのですか。せめて雲だけでも思いやりがあってもいいのでは。隠さないでほしい」。天智天皇6年(667)、天智天皇（中大兄皇子）は近江大津へ遷宮する。慣れ親しんできた三輪山を惜しんで故郷を離れる寂しさを詠んだ歌。壬申の乱は5年後。

大神神社 P.62

おおみわじんじゃ

三輪 MAP 付録P.13 E-3

祭神は国造りで知られる大物主大神（おおものぬしのおおかみ）。ご神体は三輪山全体で、神の宿る神奈備の山とされる。無断での入山不可。

大口の　真神の原に　降る雪は
いたくな降りそ　家もあらなくに

（舎人娘子　巻八の一六三六）

歌意は「真神の原に降る雪は、ひどく降らないでおくれ。家もないというのに」。送り出す人への気遣いか。「大口」は真神（オオカミ）にかかる枕詞。真神の原は明日香村飛鳥の飛鳥寺（跡）・安居院あたり。作者の舎人娘子の詳細は不明。飛鳥寺は蘇我馬子の創建で、本尊は釈迦如来だが、飛鳥大仏の名で人気が高い。

雪に包まれた石舞台古墳

石舞台古墳 P.70

いしぶたいこふん

飛鳥 MAP 付録P.17 F-3

真神の原南東の丘に残る。築造は6世紀末～7世紀初め頃。蘇我馬子の墓とされるが、すでに盛り土はなく、横穴式石室がむき出しになっている。総重量は約2300t、天井石（南側）は約77tもあり、1辺約50mの方墳と推定される。

奈良 歴史年表

西暦	元号	事項
239	—	邪馬台国女王卑弥呼、「親魏倭王」の封号を賜る
＊	—	紀元300年前後に大和王権が成立
538	宣化 3	百済から仏教伝来
587	用明 2	仏教推進派の蘇我馬子が厩戸皇子などとともに対立する仏教排斥派の物部守屋を討伐する
593	崇峻 5 推古 元	推古天皇即位。厩戸皇子（聖徳太子）が推古天皇の摂政となる
596	4	**飛鳥寺** ➲P.71法興寺）の主要伽藍が完成
600	8	中国『隋書』に第1回遣隋使派遣の記録が残る
605	13	聖徳太子、斑鳩宮に移る
607	15	第2回遣隋使として小野妹子が派遣される
		聖徳太子、**法隆寺** ➲P.54を創建
626	34	蘇我馬子逝去。**石舞台古墳** ➲P.70がその墓という説が有力
643	皇極 2	蘇我入鹿が聖徳太子の子・山背大兄王ら上宮王家一族を滅ぼす
645	4	中大兄皇子（のちの天智天皇）と中臣（藤原）鎌足、乙巳の変で蘇我入鹿を暗殺
	大化 元	難波長柄豊碕宮（大阪市中央区）に遷都
667	天智 6	近江大津宮（滋賀県大津市）に遷都
669	8	鎌足夫人の鏡王女、山階寺（のちの厩坂寺）建立
672	天武 元	大海人皇子（のちの天武天皇）、天智天皇の太子・大友皇子に対し壬申の乱を起こし、勝利する
		飛鳥浄御原宮が造営され、再び飛鳥に遷都
694	持統 8	藤原京に遷都（**藤原宮跡** ➲P.65）
698	文武 2	薬師寺の建立がほぼ完了（現・本薬師寺跡）
710	和銅 3	平城京に遷都（**平城宮跡** ➲P.53）
		厩坂寺が現在地に移され、**興福寺** ➲P.34となる
718	養老 2	法興寺が現在地に移され、**元興寺** ➲P.41となる
		薬師寺 ➲P.46が現在地に移される
729	神亀 6	長屋王が謀反の嫌疑をかけられ自害（長屋王の変）。藤原武智麻呂ら四兄弟が政権掌握
730	天平 2	薬師寺東塔が建立される
741	13	聖武天皇、仏教による国家鎮護のため日本の各国に国分寺・国分尼寺の建立を命じる
752	天平勝宝 4	総国分寺として建立された**東大寺** ➲P.30にて、大仏の開眼供養が行なわれる
754	6	鑑真が唐から来日し、平城宮へ到着
759	天平宝字 3	鑑真、戒律を学ぶ人々のために私寺を修行の道場として開く（現在の**唐招提寺** ➲P.48）
765	天平神護 元	称徳天皇、前年に藤原仲麻呂の乱鎮圧を祈願した際の誓願を果たすため、**西大寺** ➲P.52建立

西暦	元号	事項
769	神護景雲 3	称徳天皇に仕える僧・道鏡が皇位を得ようと謀るが、失敗に終わる（宇佐八幡宮神託事件）
784	延暦 3	桓武天皇、仏教勢力による政治介入を排除すべく、長岡京（京都府長岡京市周辺）に遷都
794	延暦 13	平安京（京都府京都市）に遷都
810	弘仁 元	嵯峨天皇と対立する藤原薬子、自身を寵愛する平城上皇の復位と平城京への遷都を企てるが失敗
1024	万寿 元	藤原道長が**長谷寺** ➲P.128参籠。「初瀬詣で」が貴族に広まる
1180	治承 4	平氏政権と奈良の寺院勢力が対立。平重衡の南都焼討で東大寺、興福寺、元興寺などが焼かれる
1181	養和 元	重源上人、東大寺大勧進職に就任し復興事業に着手
1185	文治 元	源頼朝の全面協力を得て、東大寺大仏開眼供養
1188	4	興福寺金堂、南円堂が再建される
1199	正治 元	重源上人、大仏様の建築様式で東大寺南大門を再建
1277	健治 3	興福寺金堂、講堂などが雷火で焼失
1332	正慶 元 元弘 2	鎌倉幕府打倒を進める後醍醐天皇に同調し、その皇子の護良親王が吉野で挙兵
1336	建武 3 延元 元	足利尊氏の入京に対し、後醍醐天皇は吉野に入り南朝を開く。以後、南北朝の対立と衝突が続く
1392	明徳 3 元中 9	足利義満、南北朝を合一
1528	享禄 元	戦火に巻き込まれ薬師寺が東塔を除いて焼失
1567	永禄 10	松永秀久の焼討で東大寺中心伽藍の大半が焼失
1576	天正 4	織田信長、筒井順慶を大和国守護に任命
1580	8	筒井順慶、大和郡山城を築城（**史跡郡山城跡** ➲P.58）
1585	13	豊臣秀吉の弟・秀長が郡山城主となる
1594	文禄 3	豊臣秀吉、**吉野山** ➲P.72で大花見会を催す
1684	貞享 元	松尾芭蕉、『野ざらし紀行』の旅中に大和路を巡る
1692	元禄 5	公慶を中心に東大寺復興。大仏開眼供養
1871	明治 4	廃藩置県。大和国は奈良県など15県となる
1876	9	奈良県、堺県に合併
1884	17	フェノロサと岡倉天心、法隆寺を調査
1887	20	奈良県が再度設置される
1915	大正 4	東大寺大仏殿、明治の大修理（明治36年～）完了
1972	昭和 47	高松塚古墳で極彩色の壁画が発見される（**高松塚古墳・高松塚壁画館** ➲P.69）
1976	51	薬師寺金堂が400年以上ぶりに再建される
1980	55	東大寺大仏殿、昭和の大修理（昭和48年～）完了
1993	平成 5	「法隆寺地域の仏教建造物」世界遺産登録
1998	10	「古都奈良の文化財」世界遺産登録
2010	22	平城遷都1300年祭が開催される

（1332～1392年：南北朝時代）

＊は年が特定できない事項。南北朝時代の元号は、上が北朝、下が南朝

美と出会う

奈良では、古代から中世にかけて
造立された、歴史的にも芸術的にも
価値の高い仏像群に出会える。
日本画を鑑賞したり、考古資料を
眺めるのも興趣がある。
静寂が包む庭園では、
しばし物思いにふけりたい。

万葉の時代から
受け継がれてきた
文化財の数々

悠揚たり。仏像の美

大和路を巡り、アルカイックスマイルや慈愛に満ちた姿に、あるいは忿怒の形相に出会い、仏像の深遠な世界に浸る。

豊かな表情、しなやかな体躯。優美な姿で見る者を惹きつける

半跏の姿勢
片足をもう一方の片足のももの上に組んで坐る姿勢。「跏」はあぐらの意味

蕨手
頭部の両側に垂れた髪で、先端が蕨状に巻いている。蕨手型垂髪という

反花
蓮華座の花弁が開いて反り返って、花弁の内部が見えている状態の台座

菩薩半跏像 国宝
ぼさつはんかぞう

画像提供：
奈良国立博物館（撮影：森村欣司）

「世界三つの微笑像」のひとつとされる美仏

聖徳太子建立七大寺のひとつとされる中宮寺の本尊で、クス材で作られ、黒漆で塗られているが、もとは彩色が施されていたと考えられる。そのやさしい表情はアルカイックスマイルと国際的にも評され、白鳳彫刻の最高傑作とされる。

像高▶座高87.9㎝　素材▶木造
制作年代▶飛鳥時代

中宮寺 ➡ P.57

阿修羅像 国宝
あしゅらぞう

多くの人を魅了してやまない天平仏は乾漆造りの傑作

興福寺国宝館では乾漆八部衆立像（国宝）の一体だが、もとは焼失した西金堂の本尊釈迦如来像の周囲に安置されたもの。阿修羅は古代インドでは太陽神として帝釈天と戦う戦闘神だったが、仏教では釈迦を守る神（天部）とされる。

像高▶153.4㎝ 素材▶乾漆造
制作年代▶天平6年（734）

興福寺 ➡ P.34

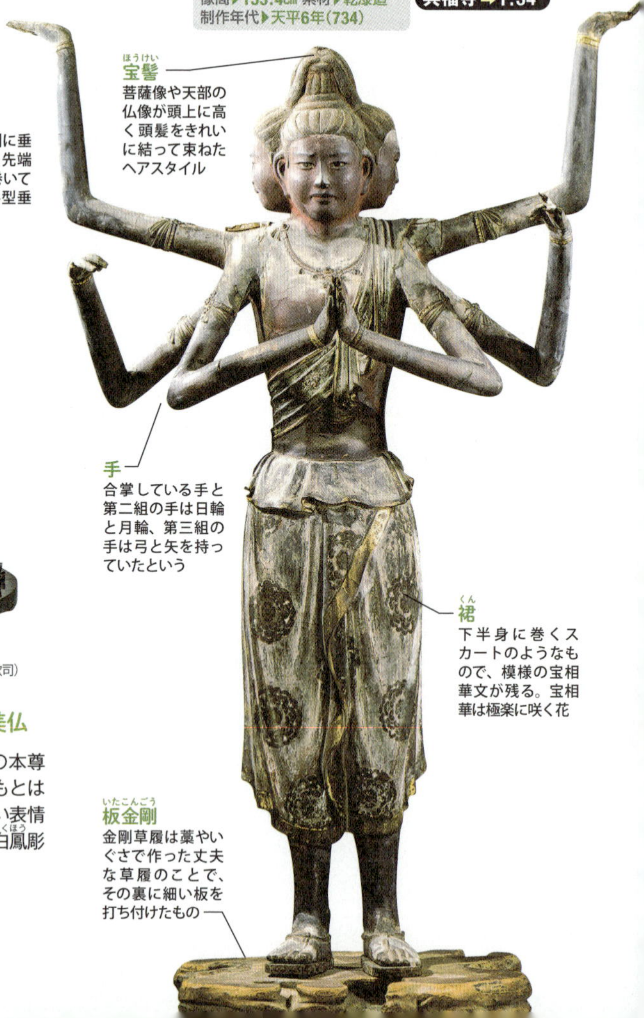

宝髻
菩薩像や天部の仏像が頭上に高く頭髪をきれいに結って束ねたヘアスタイル

手
合掌している手と第二組の手は日輪と月輪、第三組の手は弓と矢を持っていたという

裙
下半身に巻くスカートのようなもので、模様の宝相華文が残る。宝相華は極楽に咲く花

板金剛
金剛草履は藁やいぐさで作った丈夫な草履のことで、その裏に細い板を打ち付けたもの

表情
写実的で気品にあふれた若々しい表情。菩薩像は仏陀の青年期をモデルにしたものとする説もある
衣の襞（ひだ）
左右対照的な脚部の流麗な襞の下から脚の線が見える彫刻技法は、インド・グプタ王朝の影響を受けているといわれる

聖観世音菩薩像（しょうかんぜおんぼさつぞう） 国宝

端正な顔立ちと肢体の美しさにため息

薬師寺東院堂の本尊で、その美しい姿で人気が高い。白鳳期から奈良時代(7～8世紀)の作とされる。その極めて自然で均整のとれたプロポーションは理想的な人体に近いものを感じさせる。衣から脚が透けて見えるような精緻な技法に驚かされる。

像高▶188.9㎝　素材▶銅造　制作年代▶白鳳期～奈良時代

薬師寺➡P.46

薬師三尊像（やくしさんぞんぞう） 国宝

天武天皇が皇后の病気平癒を祈願して

薬師寺金堂に安置される、世界的にも最高の鋳造技術で造られた銅造像として知られる。中尊(中央の仏像)の薬師如来は丈六仏で、宣字座（せんのじざ）(箱状の台)に坐している。平安期以降の薬師如来とは違い薬壺を持っていない。向かって右が日光菩薩、左が月光菩薩。

像高▶薬師如来254.7㎝、日光菩薩317.3㎝、月光菩薩315.3㎝　素材▶銅造　制作年代▶白鳳期

薬師寺➡P.46

曲線美の姿勢
脇侍の日光・月光菩薩は三曲法という技巧が使われている。顔・腰・足の方向を3方に変えて全体を優雅に見せている
台座の文様
台座の側面には葡萄唐草文や四神、鬼神などを施した表現も見られ、国際色が感じられる

圧倒的なスケールの御姿に人々の篤い信仰が注がれる

螺髪
渦巻き状の髪型のこと。奈良の大仏の螺髪の数は従来966個あるとされてきたが、最近の調査で492個であることが判明
手のひら
2m56cmある右手の手のひらは、施無畏印といい、人々の畏れを取り除こうとする印相
蓮華座
大仏が坐する蓮華座には華厳経の世界観を表すとされる線刻画がある。台座の一部は天平の造立時のものが残る

盧舎那仏坐像 国宝

るしゃなぶつざぞう

「奈良の大仏さん」と呼び親しまれる太陽のような光で宇宙を照らす仏

東大寺は華厳宗の大本山。本尊の盧舎那仏坐像(大仏)の造立は聖武天皇の発願で始まり、天平勝宝4年(752)に完成。盛大に行われた開眼供養には聖武太上天皇、光明皇太后、孝謙天皇のほか、1万人の僧が参列した。大仏は2度の兵禍に遭い、現在あるのは江戸時代の再興によるもの。

像高▶15m　素材▶金銅造
制作年代▶天平勝宝4年(752)

東大寺➡P.30

金剛力士像 国宝

こんごうりきしぞう

東大寺南大門の左右に並び立つ仁王像は慶派一門の技術力の結晶

南大門を完成させた重源の命により、安置する金剛力士像2体の造立が運慶・快慶らの仏師集団によって始められ、建仁3年(1203)に完成。写実的で躍動感にあふれる鎌倉彫刻の代表作がここに誕生した。門に向かって右が吽形、左が阿形。

像高▶阿形像836cm、吽形像842cm
素材▶木造　制作年代▶建仁3年(1203)

東大寺➡P.30

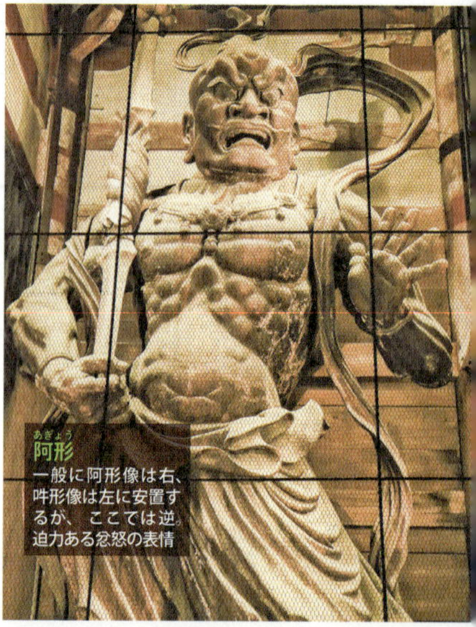
阿形
一般に阿形像は右、吽形像は左に安置するが、ここでは逆。迫力ある忿怒の表情

手
正式には十一面千手千眼観音菩薩立像といい、無数の手には人々を救うためのあらゆる道具が握られている

千手観音菩薩立像 国宝

せんじゅかんのんぼさつりゅうぞう

本当に1000本の手を持った千手観音の巨像に目がくらむ

唐招提寺は律宗の総本山で、鑑真が開いた私寺「唐律招提」を前身とする。金堂に安置されている像は普通42本に省略される手の数が1000本(現存は953本)あり、珍しい。

像高▶536㎝　素材▶木心乾漆造
制作年代▶奈良時代

唐招提寺➡P.48

撮影者:小笠原敏孝

十一面観世音菩薩立像 重文

じゅういちめんかんぜおんぼさつりゅうぞう

さまざまな顔を持つ巨大像の足は艶めく

「花の御寺」として知られる長谷寺の本尊。頭上には正面に化仏弥陀尊と菩薩面2面、忿怒面3面、牙上出面(称賛の表情)3面、仏頂面(悟りの表情)1面、大笑面1面の計10面をいただく。1018㎝あり、木像の十一面観音像では国内最大級。

像高▶1018㎝　素材▶木造漆箔
制作年代▶天文7年(1538)

長谷寺➡P.128

錫杖
普通、十一面観世音菩薩は地蔵菩薩のように錫杖は持たない。煩悩からの救済を施す地蔵菩薩の徳も併せ持つことを示す
水瓶
左手に蓮華を生けた水瓶を、左手に錫杖を持ち、石の台座に立つスタイルを「長谷寺式十一面観音」と呼ぶ
お御足
平安の時代より多くの人が長谷寺観音に願いや救いを求め、大慈悲にすがった。そのため、人々か祈りを込めて足をさするのでこの部分だけが黒光りしている

吽形
寄木造りの両像はほぼ70日間で完成したという。像の巨大さも圧倒的

青い体
像の青色は深い慈悲を表すという。当時、大変貴重だった岩絵具を大量に使用している

※国宝仁王門修理勧進のため、毎年一定期間ご開帳される。2024年は3月23日～5月6日

金剛蔵王権現像 重文

こんごうざおうごんげんぞう

青い忿怒の像になぜか癒やされる不思議

役小角が開基とされる、修験道の本山である金峯山寺の本尊。3体あり、過去・現在・未来を表すという。密教の彫像などの影響を受けた、日本独自の尊像といわれ、青黒色の怒りの形相は圧倒的。

像高▶左592㎝、中728㎝、右615㎝
素材▶木造　制作年代▶16世紀末(安土桃山時代)

金峯山寺 ➡P.74

多様な意味が込められた 個性豊かな容姿

十二神将立像 伐折羅大将 国宝

じゅうにしんしょうりゅうぞう ばざらたいしょう

右手に剣を持ち、薬師如来を守る武神

本尊の薬師如来を守護する十二神将のうちの一武神。圧倒的な気迫に満ちた像だが、かつては全身が極彩色に塗られていた。新薬師寺の十二神将像は日本で最古・最大のもの。

像高▶162㎝　素材▶塑像
制作年代▶8世紀(奈良時代)

新薬師寺 ➡P.44

武器
十二神将が持つ武器はさまざま。武神それぞれが剣、矢、三鈷杵、斧、鉾、払子、宝棒などを持つ

灯籠
角の上でバランスをとりながら灯籠を捧げる。情けないような表情で見上げる姿が笑いを誘う鎌倉彫刻の傑作

龍燈鬼立像 国宝

りゅうとうきりゅうぞう

どうしても憎めないユーモラスな邪鬼

天燈鬼像と一対をなす像。鎌倉時代の康弁作とされる。四天王像に踏みつけられた邪鬼が、仏前を照らすという仕事を与えられた姿。フンドシ姿が力強い。

像高▶77.8㎝　素材▶木造　制作年代▶鎌倉時代

興福寺 ➡P.34

奥深い仏像の美をもっと楽しむために

仏像鑑賞の基本

眺めるだけでも興趣は尽きないが、基本知識があればさまざまな視点から鑑賞できるようになる。

多種多様な仏像の世界に足を踏み入れる

仏像の種類・ヒエラルキー

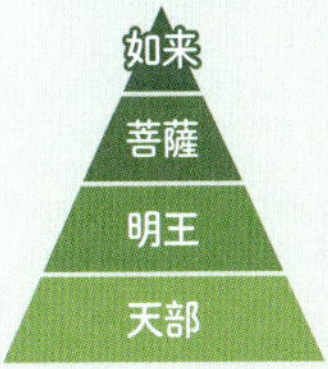

如来
菩薩
明王
天部

仏の世界は大別して4つの役割があり、ヒエラルキーを形成している。最高位の「如来」、次に「菩薩」、如来が忿怒の姿に化身した「明王」、仏の世界を守る「天部」という構成。仏像はこれらを造形力と想像力を駆使して視覚化したもの。

●如来
にょらい

釈迦、阿弥陀、薬師、大日、毘盧舎那仏 など

如来とは「悟りを開いて真理に到達した者」を意味する。如来像の特徴は、1枚の布を身に着け、装飾品はなし。髪は螺髪で頭頂部に肉髻という盛り上がりがある。また、薬師如来を除き持物をなにも持たない。

●菩薩
ぼさつ

観音、文殊、弥勒、地蔵、普賢、日光、月光 など

菩薩は如来になるため修行に励み、人々を救済する大きな慈悲の心を持つ者のこと。菩薩像は出家前の釈迦（王族）の姿をモデルにしているため、多くの豪華な装飾品を身に着けている。髪は結い上げ、上半身はほぼ裸に近い。

●明王
みょうおう

不動、愛染、孔雀、大元帥 など

密教最高位の仏である大日如来が化身して、忿怒の姿で畏怖させて（孔雀明王は例外）、民衆を仏教に帰依させようとする仏尊を明王という。その像は怒りの表情で火炎を背負い（火炎光背）、髪は逆立ち、手には武具を持つことが多い。

●天部
てんぶ

四天王、八部衆、十二神将、金剛力士（仁王）など

帝釈天や吉祥天、鬼子母神、大黒天、金剛力士など、親しみやすい仏像が多い。仏の世界を守護する役割を担う仏のことだが、インドの神々が天部として仏教に融合されたため、数が多い。現世利益的な福徳神の種類も豊富だ。

仏像からのメッセージをどう受け取るか

仏像の姿勢・手の形・持ち物

●姿勢

大きく分けると、立っている立像、坐っている坐像、横たわっている臥像に分類できる。なお、坐像には結跏趺坐、半跏趺坐、輪王坐などさまざまな種類がある。

●手の形（印相）

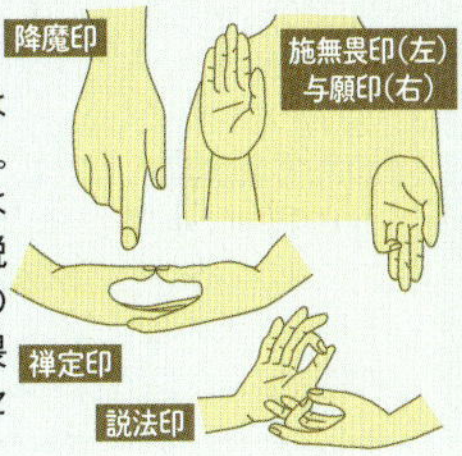

降魔印
施無畏印（左）
与願印（右）
禅定印
説法印

種類は多いが、図にあるのは「釈迦の五印」と呼ばれるもの。降魔印は悪魔を払う、禅定印は悟りに入る、説法印は教えを説く、という意味がある。相手の畏れを除くサインである施無畏印は、願いを叶える与願印とセットであることが多い。

●持ち物

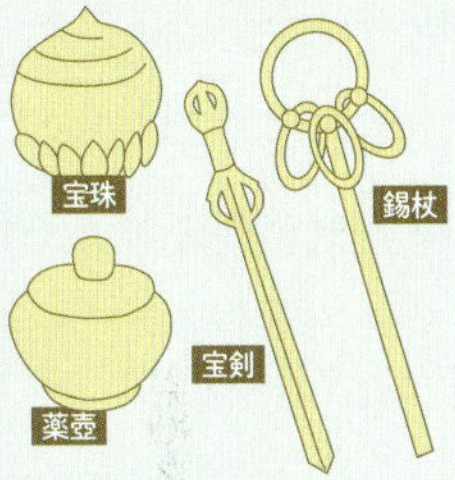

宝珠
錫杖
宝剣
薬壺

仏像が手に持つものを持物という。たとえば薬壺を持っているのは薬師如来というように、持物で仏像の種類がわかることも多い。宝剣は不動明王や韋駄天らが持ち、願いをすべて叶える宝珠は地蔵菩薩や吉祥天が手にしている。

盛り上げて作るか？ 刻んで造形するか？

仏像の材料・制作技法

●金銅仏

型に銅を流し込んで作った仏像に鍍金を施したもの。飛鳥・天平時代の主流を占め、鎌倉時代にも盛んに制作された。

●塑像

土で作った像。まず心木を作り、荒縄などで巻き、きめの違う粘土を粗い順に盛りながら造形し、彩色を施す。

●乾漆像

粘土や木で像を造形し（前者を脱乾漆、後者を木芯乾漆という）、その上に麻布を貼り、漆で厚く塗り固めて作る像。

●木彫像

中世以降の日本の仏像の多くが木像。一本の材から彫る一木造りや幾本もの材木を組み合わせて作る寄木造りが主流。

名庭を訪ね、心を落ち着ける

静寂へのいざない

数は多くないが、訪れてみたい名園が点在。
京都よりも古式な庭園に出会えるのも特徴。

趣の異なる2つの庭からなる国指定の名勝

依水園
いすいえん

敷地内には寧楽美術館(P.93)がある

江戸時代前期に作庭された前園と、明治時代に造られた後園という時代の異なる2つの庭からなる、池泉(ちせん)回遊式の庭園で、国の名勝に指定されている。園内には、東洋の古美術品を収蔵する寧楽(ねいらく)美術館や前園を望みながら食事のできる三秀亭(さんしゅうてい)などもある。

奈良公園周辺 MAP 付録P.7 D-2
☎0742-25-0781 所奈良市水門町74 開9:30〜16:30(入園は〜16:00) 休火曜 料1200円 交近鉄奈良駅から徒歩15分 Pなし

後園
こうえん

若草山や春日奥山、御蓋山、さらに東大寺南大門などを借景とする築山式の池泉回遊式庭園で、明治時代に実業家・関藤次郎が造築。池に沿って歩けば四季折々の景色が楽しめる。

聖徳太子や空海が関わり庭は大和三庭園のひとつ

竹林院 群芳園
ちくりんいん ぐんぽうえん

吉野山の上千本(かみせんぼん)に位置し、聖徳太子の開創と伝わる寺院。本尊は不動明王(ふどうみょうおう)、蔵王権現(ざおうごんげん)、役行者(えんのぎょうじゃ)。山伏修験道の宿坊だが、明治7年(1874)より一般客も利用できるようになった。天人の桜とよばれる樹齢300年のしだれ桜がよく知られている。

群芳園 ぐんぽうえん
慈光院(じこういん)と當麻寺・中之坊(たいまでらなかのぼう)とともに大和三庭園のひとつとされる回遊式庭園。改修は大名で歌人だった細川幽斎と伝わる。

吉野 MAP 付録P.19 D-3
☎0746-32-8081
所吉野町吉野山2142
開8:00〜17:00 休不定休
料400円 交吉野大峯ケーブルバス・竹林院前下車すぐ
P40台(4月〜GWは1500円)

奈良公園の一角に位置
3つの庭からなる県の庭園

吉城園

よしきえん

東大寺大仏殿からは歩いて10分ほどの距離にあり、かつては興福寺の子院・摩尼珠院があったところとされる。明治期に実業家の邸宅となり、大正8年(1919)に今の庭や建物が造られた。昭和の末頃に奈良県の所有となり、現在では庭園が一般公開されている。

奈良公園周辺
MAP 付録P.6 C-2

☎0742-22-0375(奈良公園事務所)/0742-22-5911(茶室申込) 所奈良市登大路町60-1 開9:00～16:30 休2月24日～2月末日 料庭園無料、茶室利用は有料 交近鉄奈良駅から徒歩14分 P周辺駐車場利用(有料)

池の庭 いけのにわ

庭園は「池の庭」「苔の庭」「茶花の庭」からなり、「池の庭」は江戸時代からの地形を絶妙に生かした造り。旧正法院家住宅と一体となっている。

室町時代には公家たちが
楽しんだ美しい庭景

名勝大乗院庭園文化館

めいしょうだいじょういんていえんぶんかかん

美しい自然景観や文化財を保全・継承することを目的とする施設で、旧大乗院の復元模型や資料などを展示。地元住民や観光客の交流の場として利用されている。室町時代から続く憩いの場が令和でも体感できる貴重な場である。

旧大乗院庭園

きゅうだいじょういんていえん

大乗院は興福寺の門跡寺院で、寛治元年(1087)の創建。庭園は昭和33年(1958)に国の名勝となり、その後、復元整備が完成した。

奈良公園周辺
MAP 付録P.9 D-1

☎0742-24-0808 所奈良市高畑町1083-1 開9:00～17:00 休月曜(祝日の場合は翌日または振替休)、祝日の翌日(土・日曜の場合は開園・開館) 料庭園200円、文化館は無料 交奈良交通バス・奈良ホテル下車すぐ Pなし

開基は茶道「石州流」の祖
禅寺の庭園を堪能する

慈光院

じこういん

大和小泉藩2代藩主・片桐貞昌が寛文3年(1663)に創建した臨済宗大徳寺派の寺院。貞昌は茶道石州流の祖「石州」として知られる。奈良盆地の絶景を望む書院と茶室、手水鉢は重要文化財。庭園は国の名勝・史跡に指定されている。

郡山 MAP 付録P.2 B-4

☎0743-53-3004 所大和郡山市小泉町865 開9:00～17:00 休無休 料1000円(抹茶接待含む) 交JR大和小泉駅から徒歩18分 P25台
※精進料理の紹介はP.105

庭園

ていえん

石組みの少ない、美しい刈り込みの築山が広がり、境内全体が庭園として構成され、茶席の露地や周囲の景観との調和も素晴らしい。

苑池を中心とする浄土式の
庭園に信仰の形をみる

円成寺

えんじょうじ

室町期建立の重要文化財である本堂に本尊阿弥陀如来(平安期・重要文化財)を祀り、相應殿には運慶の最初期作で墨書銘ありの国宝・大日如来を祀る。鎮守社春日堂・白山堂は鎌倉時代の建物で、現存最古の春日造りの社殿として国宝に指定。

名勝庭園 めいしょうていえん

楼門の前に展開する平安時代末期に造られたという浄土式庭園は、阿弥陀堂や楼門とともに浄土信仰の様子を具現してみせてくれる。

奈良市北東部
MAP 付録P.2 A-2

☎0742-93-0353 所奈良市忍辱山町1273 開9:00～17:00 休無休 料500円 交奈良交通バス・忍辱山下車すぐ P20台

奈良の博物館・美術館

知的好奇心を満たす場所

国際色豊かだった古都らしく、オリエンタルな美術品が集まる。
考古資料の展示量も豊富で、ミュージアムめぐりが楽しい。

「なら仏像館」で特別公開の重文金剛力士立像

日本・東洋美術の名品を訪ねる

仏教美術の宝庫として知られる奈良国立博物館は一度は訪れたいスポット。ほかにも日本や東洋の名品・佳作を収蔵する美術館が点在している。

奈良国立博物館

ならこくりつはくぶつかん

国立博物館四館のひとつで多くの国宝や重文を収蔵

毎秋、多くの鑑賞者で賑わう「正倉院展」の会場としてもよく知られる博物館で、なら仏像館、東新館、西新館、青銅器館から構成されている。建物で注目したいのはなら仏像館で、迎賓館の設計者でもある片山東熊(かたやまとうくま)の手による。竣工は明治27年(1894)で、国の重要文化財に指定されている。施設は仏教美術をはじめとする文化財の収集・研究・展示を行うが、講演や出版活動にも注力している。

奈良公園周辺 MAP 付録P.6 C-2

☎050-5542-8600(ハローダイヤル)
所奈良市登大路町50 開9:30〜17:00(入館は〜16:30)変動あり 休月曜(祝日の場合は翌日) 料700円(特別展は別料金)
交近鉄奈良駅から徒歩15分 Pなし

平安時代に描かれた国宝十一面観音像は絹本の礼拝画像で、彩色と優美な姿が素晴らしい

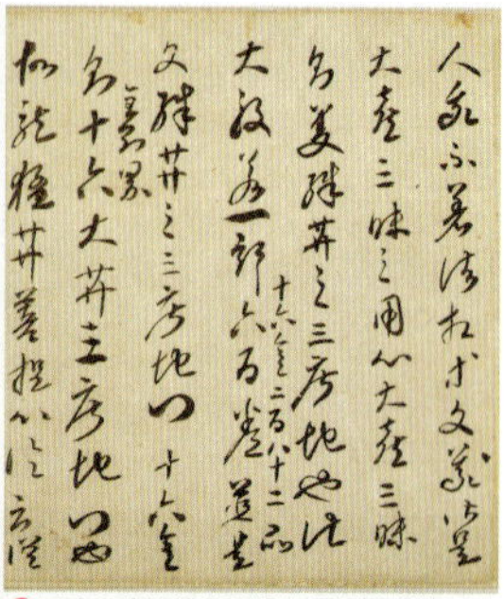

国宝の空海筆金剛般若経開題残巻。現存するのは約150行で、この残巻は38行

国宝薬師如来坐像。9世紀の一木造。京都・東山の若王子社(にゃくおうじしゃ)に伝わった

国宝牛皮華鬘(ごひけまん)。11世紀平安時代のもの。華鬘とは仏殿内にかけられた飾りで生花で作られた花輪が起源

飛鳥〜鎌倉時代の国宝・重文を含む日本の仏像を中心に展示する

※館蔵の国宝は文化財保護のため常設展示はしていません。

奈良県立美術館
ならけんりつびじゅつかん

鎌倉時代から現代に至る4600件を超える収蔵品

京都の日本画家・吉川観方が集めた江戸時代の浮世絵や工芸品の寄贈を基に昭和48年(1973)に開館。その後、由良コレクション、大橋コレクションが加わり、さらに奈良出身の陶芸家・富本憲吉の作品なども収集して収蔵・展示している。

奈良公園周辺 MAP 付録P.6 C-2

☎0742-23-3968 所奈良市登大路町10-6
開9:00～17:00(入館は～16:30) 休月曜(祝日の場合は翌平日)、展示替え期間 料展示により異なる 交近鉄奈良駅から徒歩5分 Pなし

建物は相似形の西・東両館を接続棟がつなぐ、すっきりした形態

人間国宝でもあった富本憲吉の『磁器赤地金銀彩羊歯模様蓋付飾壺』
〈奈良県立美術館蔵〉

曽我蕭白『美人図』。京都の画家・蕭白(1730～1781)の作風は江戸時代にも怪・変化自在とされた
〈奈良県立美術館蔵〉

葛飾北斎『瑞亀図』。老夫婦と亀で長寿の喜びを描いたもので、18世紀末頃の作品
〈奈良県立美術館蔵〉

寧楽美術館
ねいらくびじゅつかん

大和屋根を瓦で葺いた建物が目をひく東洋古美術中心の美術館

国の名勝に指定された依水園(P.90)に併設された施設。海運業で財を成した、中村準策と準一・準佑の3代が収集した美術品、二千数百点を収蔵。古代中国の青銅器や李朝朝鮮の陶磁器、日本の書画などがある。

奈良公園周辺 MAP 付録P.6 C-2

☎0742-25-0781 所奈良市水門町74
開9:30～16:30(入館は～16:00)
休火曜 料1200円
交近鉄奈良駅から徒歩15分 Pなし

館名の「寧楽」は「奈良」の古い表現だという

文人画家で知られる田能村竹田の『亦復一楽帖』第十二図「牡丹」

青銅饕餮文斝(せいどうとうてつもんか)。斝とは酒器のひとつで酒を温める器とされる ©深井純

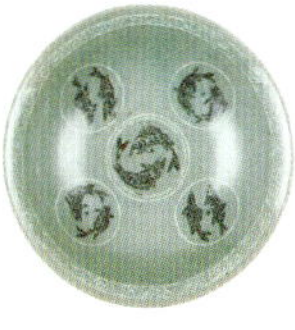
青磁象嵌双魚文平鉢(せいじぞうがんそうぎょもんひらばち)。高麗(12世紀後半～13世紀前半)のもの

松伯美術館
しょうはくびじゅつかん

上村3代が描いた美人画や花鳥画を所蔵

明治・大正・昭和にわたって美人画を描き続けた上村松園(1875～1949)と花鳥画を描いた息子の松篁(1902～2001)、同じく花鳥画の孫の淳之(1933～)の3代にわたる日本画家の作品や草稿などを保管展示。また、特別展も開催している。

奈良市西部 MAP 付録P.2 A-4

☎0742-41-6666 所奈良市登美ケ丘2-1-4
開10:00～17:00(入館は～16:00) 休月曜(祝日の場合は翌平日) 料820円、特別展開催時は別料金(要問い合わせ) 交奈良交通バス・大渕橋(松伯美術館前)下車、徒歩2分 P11台

上村松園『鼓の音』。松園は女性初の文化勲章受章者でもある

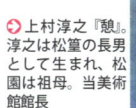

上村淳之『憩』。淳之は松篁の長男として生まれ、松園は祖母。当美術館館長

大渕橋を渡って右側にある美術館

大和文華館
やまとぶんかかん

花々が美しい文華苑に囲まれた日本・東洋古美術の宝庫

なまこ壁風の外観が印象的な展示館は吉田五十八の設計によるもの。近鉄創立50周年事業の一環として昭和35年(1960)に開館。日本や中国、朝鮮などの古美術を収集。約2000件の所蔵品のなかには4件の国宝、31件の重要文化財が含まれる。

奈良市西部 MAP 付録P.4 A-1

☎0742-45-0544 所奈良市学園南1-11-6
開10:00～17:00(入館は～16:30)
休月曜(祝日の場合は翌平日) 料630円、特別展950円 交近鉄・学園前駅から徒歩7分
P50台

竹が植えられた坪庭風の中庭がある展示場。自然との調和が感じられる

花々が美しい文華苑、さらにその外側を池が囲む本館

※美術館・博物館所蔵の掲載作品は、時期によって展示されていない場合があります。

考古資料で古代にふれる

古代にいくつもの都が置かれた奈良には、それらの遺跡から出土した資料を収蔵する博物館が豊富。再現模型など工夫ある展示と併せて楽しめる。

奈良県立橿原考古学研究所附属博物館

ならけんりつかしはらこうこがくけんきゅうしょふぞくはくぶつかん

『古事記』の編者・太安萬侶の墓出土の墓誌も展示

大和各地の縄文・弥生・古墳・歴史時代の出土品を展示。大和国史館として始まり、昭和55年(1980)に現在地に移転し改称された。現在は研究所の附属施設として展示・収蔵を担う。映像ライブラリーも利用できる。

橿原 MAP 付録P.14 B-3

☎0744-24-1185 所橿原市畝傍町50-2
開9:00～17:00(入館は～16:30) 休月曜
料400円(特別展期間中は別途) 交近鉄・畝傍御陵前駅から徒歩5分 P40台

⇧遺跡見学の際は、ぜひ立ち寄りたい施設

⇦全長28mの前方後円墳・新沢(にいざわ)109号墳から出土した画文帯神獣鏡(がもんたいしんじゅうきょう)

⇨磯城郡三宅町石見の石見遺跡から出土した「椅子に座る男性埴輪」

遺構展示館

いこうてんじかん

平城京の中心・平城宮の秘密を埋まっていた遺構から考える

さまざまな役所などがあった平城宮の遺構や出土品が見学できる。発掘されたままの遺構の展示は見る者を圧倒する。南棟には塼積官衙と呼ばれるレンガ(塼)積みの役所跡の遺構もある。

⇧奈良時代の掘立柱建物の柱穴。何度も建て替えられている

⇦南棟に展示されている奈良時代の建物の基壇や通路の一部

佐保路・佐紀路 MAP 付録P.10 C-2

☎0742-32-5106(文化庁管理事務所)
所奈良市佐紀町 平城宮跡内 開9:00～16:30(入館は～16:00) 休月曜(祝日の場合は翌日) 料無料
交奈良交通バス・平城宮跡下車すぐ P70台

奈良文化財研究所 平城宮跡資料館

ならぶんかざいけんきゅうしょ へいじょうきゅうせきしりょうかん

平城宮当時の役人や天皇の仕事や暮らしぶりにふれる

昭和34年(1959)からの調査で発掘された平城宮の土器や瓦、木簡などを展示。当時の役所や内裏の居間、書斎、食事風景の再現はとても興味深い。大極殿院の模型や平城京の巨大な空中写真の床展示もおもしろい。

佐保路・佐紀路 MAP 付録P.10 C-3

☎0742-30-6753 所奈良市佐紀町 開9:00～16:30(入館は～16:00)
休月曜(祝日の場合は翌平日) 料無料 交近鉄・大和西大寺駅から徒歩10分 P20台

⇨奈良時代の食事風景が想像できる

⇩出土した瓦類。形や文様から年代などが特定される

奈良文化財研究所 藤原宮跡資料室

ならぶんかざいけんきゅうしょ ふじわらきゅうせきしりょうしつ

約16年間の国の都だった藤原京に生きた人々を思う

持統天皇8年(694)に飛鳥浄御原宮から遷った藤原京はわが国初の条坊制を備えた都で、現在の橿原市にあった。この資料室は藤原京内で見つかった遺構や遺物を紹介・展示。住民の暮らしなども模型やパネルで解説。

橿原 MAP 付録P.15 D-3

☎0744-24-1122 所橿原市木之本町94-1
開9:00～16:30 休無休
料無料 交近鉄・耳成駅から徒歩20分
P20台

⇨藤原宮当時の役人の様子

⇩貴族や下級役人、庶民の食事メニューを再現・展示

個性的な展示で「生活」をのぞく

奈良の文化や歴史、風景を深く読み解くことで、そこにある暮らしぶりが見えてくる。世界の生活文化を紹介するユニークな施設にも注目。

奈良県立民俗博物館
ならけんりつみんぞくはくぶつかん

奈良の風土習俗を知る昔のくらしと古民家の博物館

広大な大和民俗公園の中にある博物館本館は、昭和49年(1974)に開館。奈良のくらしを伝える生活用具や民具など、多種多様な資料を保存・展示する。公園内には県内各地から移築復原した江戸時代の古民家が建ち並び、四季折々の景色を楽しみながら昔のくらしを体感できる。

郡山 MAP 付録P.4 A-4

☎0743-53-3171 所大和郡山市矢田町545 開9:00～17:00(入館は～16:30、古民家園見学は～16:00) 休月曜(祝日の場合は翌平日) 料200円 交奈良交通バス・矢田東山下車、徒歩10分 P147台

豊かな自然に囲まれ、季節の花を楽しめる

「ならみんぱく」の通称で親しまれる

「かまど」の火入れも間近で見ることができる

奈良県立万葉文化館
ならけんりつまんようぶんかかん

万葉の世界を体感しながら学べるミュージアム

明日香村にある『万葉集』をメインとした日本の古代文化に関するミュージアム。万葉びとの世界や当時の生活を体感できる。また、日本画を中心とした展覧会も開催。万葉図書・情報室や、万葉の草木を植栽した万葉庭園もある。

飛鳥 MAP 付録P.17 E-2

☎0744-54-1850 所明日香村飛鳥10 開10:00～17:30(最終入館は17:00) 休月曜(祝日の場合は翌平日)、展示替え期間 料入館無料、日本画展示室観覧のみ有料 交明日香周遊バス・万葉文化館西口下車すぐ P107台

万葉花の吹きガラス工芸が美しいエントランス

入江泰吉記念奈良市写真美術館
いりえたいきちきねんならししゃしんびじゅつかん

奈良を愛し撮り続けた写真家の全作品を収蔵・保存する施設

新薬師寺に隣接。大和路の仏像や風物を撮り続けた奈良出身の写真家・入江泰吉(1905～1992)が、その全作品を奈良市に寄贈したことにより記念美術館を建造、1992年に開館。常設展示のほか、企画展も開催する。

奈良公園周辺 MAP 付録P.7 E-3

☎0742-22-9811 所奈良市高畑町600-1 開9:30～17:00(入館は～16:30) 休月曜(祝日の場合は開館)、祝日の翌日、展示替え期間 料500円 交奈良交通バス・破石町下車、徒歩11分 P39台(1時間まで無料)

建物は黒川紀章氏の設計による

入江作品のほかにも多様な写真作品を展示

なら工藝館
ならこうげいかん

伝統的な奈良工芸の魅力と技法の秘密を垣間見る

奈良工芸と文化・芸術の振興を意図して設けられた施設。「受け継ぐ・創作する・開放する」を基本理念に、奈良漆器や奈良筆、奈良晒などの優秀作が鑑賞できる。各種工芸教室や貸ギャラリー、工芸品販売コーナーもある。

ならまち MAP 付録P.9 D-3

☎0742-27-0033 所奈良市阿字万字町1-1 開10:00～18:00(入館は～17:30) 休月曜(祝日の場合は開館)、祝日の翌日、展示替え期間 料無料 交近鉄奈良駅から徒歩15分 P4台

年間を通じてイベントや特別展も開催

天理大学附属天理参考館
てんりだいがくふぞくてんりさんこうかん

世界の生活文化と考古美術の膨大な資料を収蔵・展示する

世界各地の生活文化や考古美術に関連する資料を展示するとともに、研究成果を通して、現地の人々の生活や習慣、歴史などを広く理解してもらうことを主眼とする博物館。収蔵資料は30万点におよぶ。

天理 MAP 付録P.12 A-3

☎0743-63-8414 所天理市守目堂町250 開9:30～16:30(入館は～16:00) 休火曜(祝日の場合は翌平日、除外期間あり)、4月28日 料500円 交JR/近鉄・天理駅から徒歩20分 P60台(期間により駐車制限の場合あり)

外観と常設展示室(ボルネオコーナー)

著名人も愛した奈良の名宿を訪ねる

美意識が薫る格式の老舗

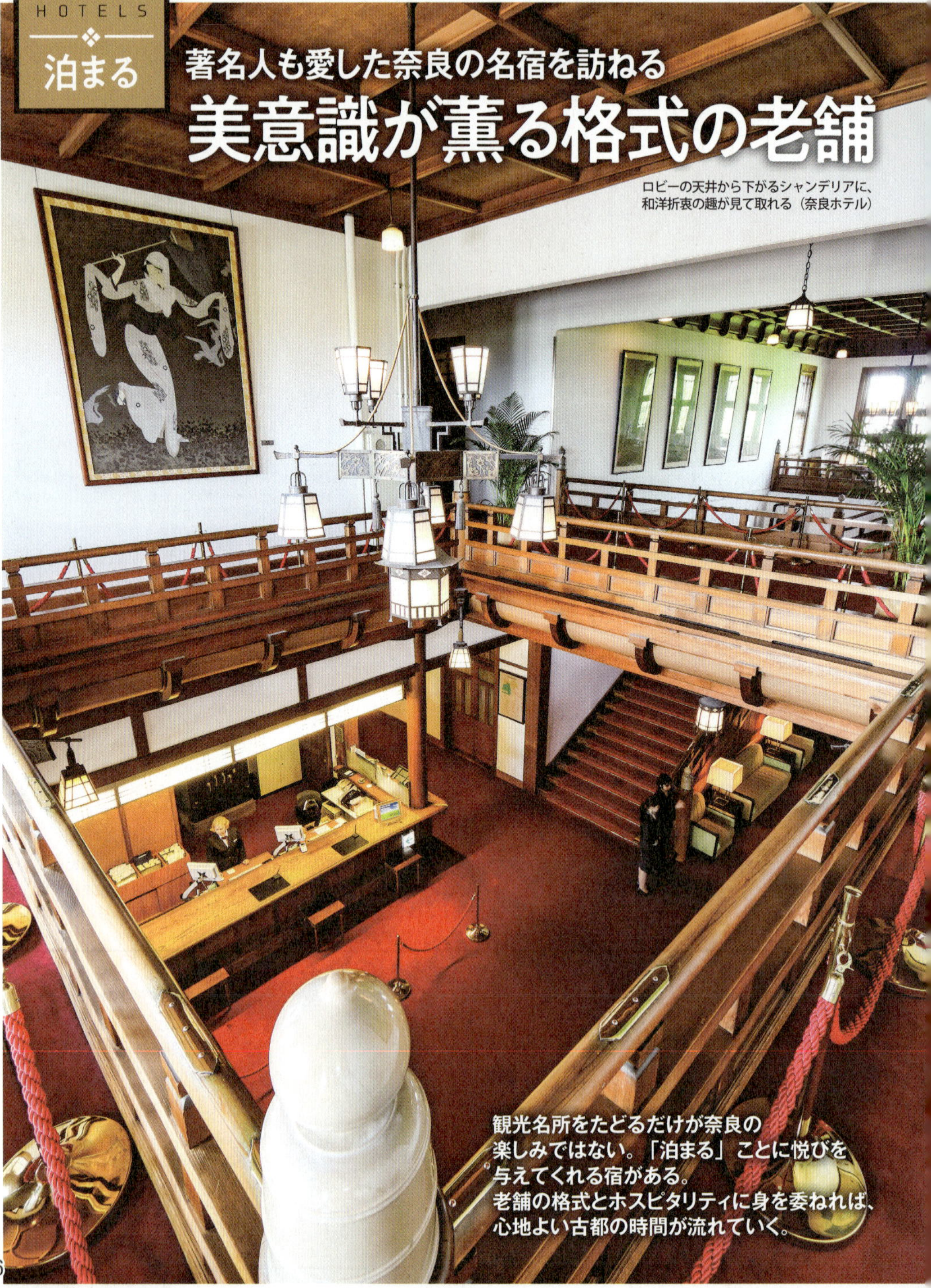

ロビーの天井から下がるシャンデリアに、和洋折衷の趣が見て取れる（奈良ホテル）

観光名所をたどるだけが奈良の楽しみではない。「泊まる」ことに悦びを与えてくれる宿がある。
老舗の格式とホスピタリティに身を委ねれば、心地よい古都の時間が流れていく。

国内外の賓客をもてなしてきた名門

奈良ホテル物語

奈良を訪れる外国人客を受け入れるため明治に創業したクラシックホテル。110年を超える歴史と漂う品格に、優雅な滞在への期待を膨らませる。

「西の迎賓館」と称された風格ともてなしが息づく

明治42年(1909)創業。戦前は「西の迎賓館」としての役割を担い、皇族や政府要人、数々の文化人など、国の内外を問わず、数え切れないほどのVIPを迎え入れてきた。アインシュタイン博士がロビーでピアノ演奏を楽しんだという逸話は有名だ。本館は近代日本を代表する建築家・辰野金吾(たつのきんご)の設計による桃山御殿風檜造り。内部は洋風の調度が融合した和洋折衷様式で、随所に創業当初の暖炉や名画が配されている。

戦後の混乱から経営難に陥った時期もあったが、これを乗り越え、昭和59年(1984)には「吉野建て」の新館も竣工した。今なお、奈良を代表するホテルとして、多くのゲストに愛されている。

滞在した著名人たち

- 1911 乃木希典(軍人/日本)
- 1916 高浜虚子(俳人・小説家/日本)
- 1922 アルベルト・アインシュタイン(物理学者/スイス) 彼が演奏したピアノがロビーに残る
- 1922 エドワード8世(国王/イギリス)
- 1937 ヘレン・ケラー(社会福祉活動家/アメリカ)
- 1956 マーロン・ブランド(俳優/アメリカ)
- 1983 オードリー・ヘプバーン(女優/イギリス) 彼女が撮影したシャンデリアは今も人気の撮影スポット
- 2003 ダライ・ラマ14世(宗教指導者)

など

1

2

3

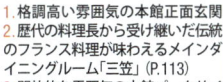

1.格調高い雰囲気の本館正面玄関
2.歴代の料理長から受け継いだ伝統のフランス料理が味わえるメインダイニングルーム「三笠」(P.113)
3.開放的な雰囲気の本館パークサイドデラックスツインルーム

奈良ホテル

ならホテル

奈良公園周辺 MAP 付録 P.8 C-1

HOTEL DATA

☎0742-26-3300

所 奈良市高畑町1096
交 近鉄奈良駅から徒歩15分
P 100台 in 15:00 out 11:00
室 127室(本館62室、新館65室)
予算 本館スタンダードツイン5万4450円～

カフェ&ショップも名物

◆ティーラウンジ

パティシエ特製のスイーツをいただける。紅茶とハーブティーはドイツの最高級ブランド「ロンネフェルト社」のものを提供。一流の味を楽しみたい。

営 10:00～16:30

↑ケーキセットは2050円～

◆ショップ

本館1階にあるショップでは、ホテルオリジナル商品や奈良の特産品が購入可能。ホテルの味を自宅に持ち帰りたい。

営 8:00～18:00

Nara Hotel

→2種類のオリジナルビーフカレー詰め合わせ2380円

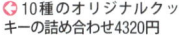

←10種のオリジナルクッキーの詰め合わせ4320円

そのゆかしい風情は文化人も贔屓にした

名旅亭のたたずまい

創業100年を超える古都の宿。格式とともに現代的なセンスも併せ持ち、心地よい滞在を演出してくれる。

奈良らしい社寺風の建物(四季亭)

100余年の歴史を持つ老舗 四季折々の美味が楽しみ

四季亭
しきてい

奈良公園周辺 MAP 付録 P.8 B-1

明治32年(1899)創業、奈良公園の一之鳥居のすぐ脇に建つ静かな旅館。「ただひたすらに奈良の旅亭でありたい」という女将の言葉どおり、5度改装を重ねながらも奈良らしさを失わない落ち着いたたたずまいをみせる。自慢の料理は地産地消を心がけた季節の会席。遠州七窯のひとつ「赤膚焼(あかはだやき)」の器を使い、視覚的にも楽しめるよう工夫を凝らす。

滞在した著名人たち
松本清張(小説家)
平山郁夫(画家)　など

1.夕・朝食は椅子席のレストランで。別途部屋食プランも用意　2.浴槽に古代檜を使用した大浴場「不老湯」　3.茶懐石をベースにしたという「大和路会席」。歳時記に合うような、四季折々の料理でゲストを楽しませてくれる　4.広々とした客室。老舗ならではの、心尽くしのおもてなしでくつろげる

HOTEL DATA

☎0742-22-5531
所 奈良市高畑町1163
交 近鉄奈良駅から徒歩10分
P 9台　in 15:00　out 11:00
室 9室　予算 1泊2食付2万9700円～

※宿泊料金は、「1泊2食付」「1泊朝食付」「素泊まり」については、特記のない場合、1室2名で宿泊したときの1名分の料金です。

文人・墨客にも愛された プライベート感あふれる旅館

江戸三

えどさん

奈良公園周辺 MAP 付録 P.6 C-2

明治40年(1907)創業、奈良公園の一角にある料理旅館。明治から昭和初期に建てられた数寄屋造りの離れが客室になっている。季節を感じさせる会席料理は絶品。特に若草鍋は昭和天皇も召し上がった名物だ。ホウレン草を敷いた上に海鮮や野菜をたっぷり盛り付けた和風ブイヤベースを味わいたい。

HOTEL DATA

☎0742-26-2662

所奈良市高畑町1167 交近鉄奈良駅から徒歩12分 P8台 in15:00 out10:00
室8室 予算1泊2食付2万3100円～

1.奈良公園内にあるため、野生の鹿が遊びに来ることも 2.客室の多くには「太鼓」「銅鑼」など楽器の名がつけられている。食事はそれぞれの離れでいただく 3.10～3月までの期間限定でいただける若草鍋。新緑の若草山になぞらえて、文豪・志賀直哉が命名したという

滞在した著名人たち

志賀直哉(小説家)
小林秀雄(文芸評論家)
藤田嗣治(画家)
小出楢重(画家) など

むさし野

世界遺産のなかにたたずむ おもてなしと安らぎの宿

古都の宿 むさし野

ことのやど むさしの

奈良公園周辺 MAP 付録 P.7 E-2

若草山の麓にある純和風旅館で、創業は江戸時代のお茶屋に遡る。12の客室は少しずつ趣が異なり、新館の鹿鳴山荘は露天風呂または半露天風呂付きの和モダンな空間。料理は郷土の心にこだわる会席料理がいただける。朝食には若草山で食べられるお弁当を用意してくれる(開山期間中)。

滞在した著名人たち

山岡鉄舟(幕臣)
谷崎潤一郎(小説家) など

HOTEL DATA

☎0742-22-2739

所奈良市春日野町90 交奈良交通バス・春日大社本殿下車、徒歩5分 P8台 in16:00
out10:00 室12室 予算1泊2食付1万9800円～

1.常客だった山岡鉄舟がしたためた横軸が掛かるロビー 2.春日大社に一番近い旅館 3.季節の地元野菜や旬の魚介などを取り入れた会席料理 4.若草山を一望する「明日成」の部屋

奈良の豊かな自然や、古都らしい風情に身を委ねたい

住まうように。古民家に泊まる

昔ながらの暮らしを体験できる古民家宿が人気。懐かしさとぬくもりにあふれた滞在が楽しめる。

➡棚田と室生赤目青山の峰々を一望

「にほんの里100選」にも選ばれた里山に築150年の端正な茅葺き古民家を再生させた

忘れかけていた日本の原風景
五感で感じる大人の隠れ宿

ささゆり庵

ささゆりあん

一棟貸し

室生 MAP 付録 P.2 C-1

茅葺き古民家を再生した1日1組限定の宿。標高450mの山里にあり、美しい棚田とともに早朝には雲海、夜には満天の星と、囲炉裏のある広間から絶景を堪能できる。冬は焚き火で童心に返り、別荘気分で食材を持ち込みも可能で、昔ながらの生活が体験できるのも注目。

☎0745-88-9402

所宇陀市室生深野656 交近鉄・赤目口駅から車で15分 P10台 in15:00 out11:00 室1棟(貸切、2～10名) 予算1泊朝食付3万5000円～/1名(シーズンにより異なる) ※夕食別途(ケータリングサービスメニューから予約可能)

蔵王

➡檜風呂は好きなときにお湯を張り、天然生薬を配合した薬草湯を楽しめる(左)。琉球畳を敷いた2階のロフト。囲炉裏のある広間が見渡せる(中)。重厚な梁と藁縄だけで組み立てられた茅葺きの屋根裏と眺望抜群の囲炉裏の広間(右)

➡貸しギャラリースペースの1階「みせの間」(上)。箱階段で上る2階の客室は3部屋ある(下)

嘉雲亭

今井町には瓦屋根に漆喰の白壁と虫籠窓など伝統的建造物が約500軒保存され、今も人々が暮らしている

江戸時代にタイムスリップ
温故知新の町家民宿

嘉雲亭

かうんてい

町家旅館

今井町 MAP 付録 P.15 F-1

江戸期からの街並みを残す今井町(P.66)で、元呉服屋の町家を改装したB&Bスタイルの民宿。家庭的なもてなしで迎える客室はあえてエアコンを設置せず、夏は蚊帳と扇風機、冬はこたつと火鉢でひと昔前の暮らしを体験できる。

☎0744-23-0016

所橿原市今井町2-8-25 交近鉄・八木西口駅から徒歩8分 P1台 in15:00 out10:00 室3室 予算1泊朝食付6000円～

食べる

大和路の
自然が生む滋味と
古都の洗練を
味わう

豊かな大地で育まれた地の食材を、
伝統の素朴な郷土料理で、
腕利きシェフが作る洗練された料理で。
和の風雅に浸れる甘味処や
古い街並みを生かしたおしゃれカフェは
寺巡りの合間の休憩にぴったり。
古都の味覚を楽しみたい。

高円 5400円
奈良の伝統を感じさせる料理の数々。旬の食材を使用したフルコースは珠玉の逸品

奈良の伝統文化に裏打ちされた物語のある料理に感嘆

菊水楼
きくすいろう

奈良公園周辺 MAP 付録P.8 B-1

奈良を代表する老舗料亭。地元の名産や食材を取り入れながら、伝統行事にちなんだ料理なども登場するなど、この土地ならではの味を美しいストーリーとともに披露してくれる。会席料理はもちろん、奈良の物語をはらんだ伝統的な料理が味わえる場を提供している。

☎0742-23-2001
所 奈良市高畑町1130
営 昼11:00〜13:00(入店)
夜17:00〜18:00(入店)
※3日前までの完全予約制
休 火曜 交 近鉄奈良駅から徒歩7分
P 15台

予約 要(3日前まで)
予算 L 1万6500円〜
D 1万9800円〜

静かな心で聴く食材の物語

古都で堪能する 和の洗練美食

伝統を重んじる意識と、進取の精神の両方が息づく奈良の街。それを体現するかのような日本料理を、地元の名店で味わいたい。

↑つるりとなめらかな自家製玉子豆腐の椀物

コースもアラカルトも楽しめる地元の食通に愛される名店

枯淡
こたん

予約 要(ランチは前日まで)
予算 L 4400円〜
D 8250円〜

新大宮 MAP 付録P.11 D-1

地元奈良で生まれ育った水川正則氏は、「新しいことは否定しませんが、歴史の中で培われたものを大切に」と、料理のスタイルは正統派。それでいて、アラカルトでもオーダー可能という気軽さも心地よい。前日までに予約すれば、点心風のランチもいただける。

↑ゆったりとしたカウンターのほか座敷もある

☎0742-33-8817
所 奈良市大宮町6-2-17 千曲ビル1F奥
営 11:30〜13:00(入店)
17:30〜20:30(入店)
休 日曜、月曜のランチ
交 近鉄・新大宮駅から徒歩3分 P なし

ききょう 1万450円
旬の素材を使った会席コース。肉の朴葉焼きなどアクセントになる料理も登場し、7品が楽しめる

「土の料理人」が作り続ける
独創的な日本料理

日本料理 川波

にほんりょうり かわなみ

新大宮 MAP 付録P.10 C-1

「京都で有名な月心寺の精進料理を食べて感動した」という先代の奥田眞明氏は、郊外に5000坪の農園を持ち野菜を栽培し、「土の料理人」と称されるほど。現在は2代目の奥田直也氏が歴史を引き継ぎ、旬の野菜を使った四季折々の独創的な料理を気軽に楽しませてくれる。

☎0742-35-1873
所 奈良市芝辻町4-6-14 澤井ビル1F
営 12:00〜15:00、17:00〜22:00(祝日は〜21:00) 休 日曜 交 近鉄・新大宮駅から徒歩3分 P 2台

座敷のほか、カウンターもある

予約 要
予算 Ⓛ3500円〜 Ⓓ4000円〜

会席料理
1万2000円〜
朴葉の蓋を取ると愛らしい盛り付けに心も和む八寸からスタート。リクエストの多い玉ねぎスープや、造里、鍋物など7品ほどの夜のコース

予約 要(夜のコースは前日まで)
予算 Ⓛ3500円〜 Ⓓ8000円〜 (夜のみ税・サービス料別)

夜のコース
1万円(税・サービス料別)
肉や魚介をバランスよく配した会席料理が8品ほど続く。少しずついろいろ楽しめると、女性客にも好評

器やしつらえも美しい
奈良公園の名物的存在

食事処 馬の目

しょくじどころ うまのめ

奈良公園周辺 MAP 付録P.6 C-3

店に入ると、店名の由来でもある瀬戸の馬の目皿がずらりと並んでいて圧巻。室内は美しい絵画や襖絵で彩られ、窓に目をやると奈良公園の緑が。静かなロケーションで、奇をてらわずシンプルに仕上げた正統派の会席料理をいただくと、時間の流れがゆっくりと感じられる。

☎0742-23-7784
所 奈良市高畑町1158
営 11:30〜14:00(LO) 18:00〜19:00(LO)
休 木曜 交 奈良交通バス・奈良ホテル下車、徒歩5分 P 1台

佐藤勝彦氏の大胆かつ温かみのある襖絵が室内に華を添えている

軽い食事も気軽に楽しめる趣のある隠れた人気店

四季彩料理 利光

しきさいりょうり りこう

奈良公園周辺 MAP 付録P.6 A-4

名店・なだ万でも腕をふるった店主の仕事はていねいかつ繊細。それでいて、アラカルトでも楽しめ、「ちょっと飲みたい人のために」と、ご飯の付いていないコースまで用意。行き届いた心配りにもファンが多く、街なかの喧騒を離れてゆったりと楽しめる隠れ家的存在だ。

☎0742-24-7121
所 奈良市西木辻町100-1
営 11:30〜13:00(LO)
17:30〜21:00(LO)
休 不定休
交 JR奈良駅から徒歩15分
P 3台

予約
L D
前日までに要予約
予算
L D 3630円〜

前菜から10品ほどが登場するおまかせコースは充実した内容

元呉服店だったという風情ある店構え

奥には個室とテーブル席、2階には座敷も

おまかせコース
1万円〜
磁石などを通して成分調整した水を使用し、おいしいだしを引いて調理するから、煮物や椀物も格別

伝統に創意を重ね合わせた奈良を堪能するコース料理

懐石料理 円

かいせきりょうり えん

ならまち MAP 付録P.9 D-3

創業から約36年。日本料理店で修業した店主がご夫婦で切り盛りしている。地元で採れる露地もの野菜を取り入れたコースには、奈良の食を代表する茶粥のほかに、奈良漬の細巻きや酒粕の天ぷらなど創意あふれる一品も付く。昼は気軽な松花堂が人気を呼んでいる。

☎0742-26-0291
所 奈良市下御門町38 御門ビル2F
営 11:30〜14:00
17:00〜21:00
休 木曜不定休
交 近鉄奈良駅から徒歩8分 P なし

予約
要
予算
L 1300円〜
D 4000円〜

細くて長い「ひもとうがらし」などの大和野菜を使用している

落ち着いた雰囲気に包まれた居心地のいい店内

奈良づくし
8500円
コースには宇陀金ごぼうの椀物が付くこともある。風味豊かな奈良漬の細巻きと酒粕の天ぷらは定番の味

フロアの奥。店内はビルの2階とは思えない見晴らしの良さ

ときにしっとりと、ときにカジュアルに

精進料理を体験する

懐石 7000円
酸味を利かせた白和えやカボチャの甘みを生かした南京饅頭など、どれも印象に残る味

ヘルシーな精進料理を食べるのも、寺院が多い古都ならではの楽しみ。より気軽なスタイルで、独創的な皿が楽しめるレストランもある。

境内は茶席のような趣。精進料理は石庭を囲む新書院でいただく(庭園の紹介はP.91)

眺望抜群の寺に伝わる料理は名物玉葱丸煮も付くやさしい味

慈光院
じこういん

予約 要(2〜3日前)
予算 Ⓛ7000円

郡山 MAP 付録P.2 B-4

江戸時代初期に創建された禅宗寺院。書院からは市内が一望でき、抹茶と菓子で一服もできる。明治時代から供されてきた精進料理は、昆布やシイタケのだしで作る風味がやさしい。一年を通じて味わえる玉葱丸煮は、まるごと炊いた玉ネギにしょうがを添えた名物。

☎0743-53-3004
所大和郡山市小泉町865 営11:30〜14:00 休無休 交JR大和小泉駅から徒歩18分 P25台
※別途拝観料1000円が必要

重要文化財に指定された書院は、窓を開け放った開放的な空間。慈光院は茶道に縁が深く、書院の一角に茶室もある

シンプルだが長い歴史を持つ

香り高き茶粥の味わい

奈良らしい味覚の筆頭に挙げられるのが茶粥。素朴な粥は付け合わせのおかずとも相性抜群だ。おみやげ用を販売している店もある。

大和の茶粥膳
1900円
茶粥には野点の茶箱に、鮭の塩焼き、胡麻豆腐なども付く

奈良のおいしい名物を揃え
茶粥に風雅も盛り込んで

月日亭 近鉄奈良駅前店

つきひてい きんてつならえきまえてん

奈良公園周辺 MAP 付録P.8 A-3

本格会席料理から大和ポークや三輪そうめん、柿の葉ずしなど奈良の名物を組み合わせた定食メニューが揃う。奈良産コシヒカリをほうじ茶で炊きあげる大和の茶粥膳がいただける。

☎0742-23-5470
所 奈良市東向中町6 奈良県経済倶楽部ビル2F 営 11:30〜15:00(LO14:30) 17:00〜21:00(LO20:00)
休 水曜 交 近鉄奈良駅からすぐ P なし

予約
可
予算
L 2000円〜
D 3000円〜

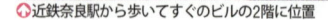

近鉄奈良駅から歩いてすぐのビルの2階に位置

掘りごたつ式の個室など(要予約)も用意

奈良の茶粥

「大和の茶粥」と呼ばれ、茶で炊いた粥はさらりとして粘り気がないのが特徴。奈良時代から続く東大寺二月堂の修二会(しゅにえ)(お水取り)の練行衆の食事として今も供され、数十年前までは家庭でも日常的に食べられていた郷土の味だ。

大和茶
弘法大師(こうぼうだいし)が唐より大和に伝えた茶種が始まり。かつては農家の庭や畑でも栽培され、粥は主にほうじ茶、番茶などで炊かれた。

お米
お茶漬けとは異なり、さっと炊く茶粥のご飯は白米が主だが、古代米の黒米、赤米なども使われる。夏には冷たい茶粥も好まれる。

ふりかけ
各家庭、各店によって塩や梅干し、香ばしいおかきや餅を入れることもあり、サツマイモや小豆、空豆などと一緒に炊くところもある。

伝統の茶粥に洋食メニューを融合させた老舗のランチ

牛まぶし 三山

ぎゅうまぶし みやま

奈良公園周辺 MAP 付録P.7 D-2

東大寺参道入口にある和風レストラン。明治10年(1877)創業の料理旅館が前身で、名物の栗ご飯やほうじ茶で炊いた茶粥にA4ランクの黒毛和牛ローストビーフや自家製ビーフシチューを組み合わせたお膳やビストロランチが好評。

広い店内には授乳室などを設置。子ども連れでも安心

☎0742-23-0218
所 奈良市春日野町11
営 11:00～売り切れ次第閉店
休 木・金曜
交 近鉄奈良駅から徒歩15分
P なし

予約
不可
予算
L 1500円～

ビストロランチ 1620円
あつあつのご飯の上には、特選黒毛和牛のローストビーフと牛しぐれ煮。独自に煮込んだタレの肉の味わいが絶妙

柿の葉ずし

茶がゆ柿の葉膳 1820円
(胡麻豆腐、デザート付き)
15時までのランチ限定だが、気軽に奈良の2大郷土料理が楽しめるセット。予約なしでもOK

大和の風土が育んだ、素朴な一品に出会う

郷土料理で感じる古都の味

伝統を重んじる意識と、進取の精神の両方が息づく奈良の街。
それを体現するかのような日本料理を、地元の名店で味わいたい。

平宗 奈良店

ひらそう ならてん

ならまち MAP 付録P.8 C-3

予約 可(前日まで)
予算 Ⓛ1500円〜 Ⓓ2500円〜

山海の幸が一口大に詰まる老舗の柿の葉ずし

創業160年余り。吉野川沿いの村々の、夏祭りのごちそうとして食べられてきた柿の葉ずしを、全国区ブランドにした老舗。柿の葉の香りと鯖や鮭の旨みが秘伝の酢飯になじんで食べ飽きることがない。奈良の郷土料理も味わえる。

☎0742-22-0866
所奈良市今御門町30-1 営11:00〜20:00(LO)、販売10:00〜20:30 休月曜 交近鉄奈良駅から徒歩8分 P要問い合わせ

出すし

↑猿沢池の南、古都らしい街並みの一角にある

↓テーブル席に半個室、2階には座敷も

そうめん処 森正

そうめんどころ もりしょう

三輪 MAP 付録P.13 E-3

三輪山麓の風情ある店内で本場の三輪そうめんを堪能

旧家の重厚な米松のテーブルのある庭先で、細くてコシのある本場手延べ三輪そうめんが楽しめる。夏は喉ごしのよい冷やしそうめんと、一年中楽しめる温かいにうめん、自家製の柿の葉ずしがいただける。また喫茶も併設。

☎0744-43-7411
所 桜井市三輪535　営 10:30～15:30(土曜、祝日は～16:00)日曜10:00～16:00
休 火曜、月曜不定休、祝日の場合は営業)
交 JR三輪駅から徒歩6分　P なし

夏には大陶器の器に金魚が泳ぎ、冬には焚き火が

大神神社の二の鳥居に向かって左側、三輪茶屋の門と麻暖簾が目印

予約 不可
予算 Ⓛ Ⓓ 1000円～

三輪そうめん

冷やしそうめん 1050円
4～11月限定。エビ、玉子、シイタケがトッピングされたそうめんはつやつやで見た目も涼やか

春日荷茶屋

かすがにないぢゃや

奈良公園周辺 MAP 付録P.7 D-2

春日の杜に包まれて大和の四季を楽しむ万葉粥

春日大社の境内、萬葉植物園の入口のそばに建ち、『万葉集』にちなんだ季節の野菜などをあしらった万葉粥が味わえる。昆布と白味噌がほのかに香るお粥は月替わりの具材を毎月楽しみにする人も。万葉粥は1100円。甘味も人気。

☎0742-27-2718
所 奈良市春日野町160
営 10:00～16:00(LO)
休 不定休(HP参照)
交 奈良交通バス・春日大社表参道下車、徒歩5分
P 100台(有料)

予約 不可
予算 Ⓛ 1000円～

万葉粥
春日荷茶屋
0742 (27) 2718
万葉粥

大和名物膳 1650円
万葉粥に柿の葉ずし2個、だし巻きなどの一皿と葛餅付き。写真は3月の万葉粥"菜の花"

春日大社直営の店で、とても趣のある外観

窓が大きく、境内の緑を眺めながら食事できる。屋外にはテラス席も

収穫祭御膳
3500円(税別)
大和まなや大和丸茄子など、大和野菜満載の昼限定の人気コース。なんと約40種類もの野菜を使うそう

地元で採れたフレッシュな野菜や肉

大和食材の伝統と滋味を知る

近頃、知名度も上がっている大和野菜など、奈良は山の幸が豊富。地場産の食材と、その味を引き出すことにこだわった人気料理店へ。

大和野菜の復活にも尽力する野菜を知り尽くした人気店

粟 ならまち店

あわ ならまちてん

野菜が食べたい!

ならまち MAP 付録P.9 D-2

黒米入りご飯と大和芋の汁もの。デザート付き

大和牛をステーキ、ローストビーフ、時雨煮に

大和野菜を世に知らしめた立役者的存在で、自家菜園で育てた大和野菜もメニューに。素材の味が引き立つようにと、手を加えすぎず調理した料理をまずは前菜で堪能。さまざまな野菜料理が盛り付けられ、見た目も味もバラエティ豊か。

☎0742-24-5699
所奈良市勝南院町1
営11:30～13:30(最終入店) 17:30～20:00(最終入店) 休火曜
交近鉄奈良駅から徒歩11分 Pなし

予約 要
予算 Ⓛ3500円～ Ⓓ3900円～(税別)

蔵やテーブル席もあり、お客の入れ替えがないのでゆっくりと過ごせる

日本料理の技で野菜のおいしさを引き出す

旬彩 ひより

しゅんさい ひより

野菜が食べたい!

ならまち MAP 付録P.9 D-2

料理旅館で名を馳せた川久などで培ったキャリアを生かし、尾崎敦士氏が挑んだのは大和野菜を生かした野菜料理店。ていねいにとっただしと地元で収穫する野菜を使った煮物や鍋を、気軽な会席仕立てで味わうことができる。

☎0742-24-1470
所奈良市中新屋町26 営11:30～14:00(LO) 17:00～20:30(LO) 休火曜
交近鉄奈良駅から徒歩13分 Pなし

予約 望ましい
予算 Ⓛ1870円～ Ⓓ4180円～

モダンなテーブル席で気軽に楽しめるほか、半個室のテラスも

案山子 3960円
メインを魚介や肉から選べる夜の会席メニュー。蒸し野菜も自慢で自家製タレで味わう。予約すればランチでもオーダーできる

前菜も椀物も野菜尽くしで飽きない味付け

1300年前に始まったという
牛乳ベースの飛鳥鍋

めんどや

地鶏が食べたい!

飛鳥 MAP 付録P.17 E-3

創業約100年の和食処。自家製の柿の葉ずしやわらび餅、ごま豆腐など奈良に伝わる昔ながらの郷土料理を供する。名物「飛鳥鍋」は1300年以上前から伝統を継ぐという鍋で、旬の野菜と地鶏を特製牛乳スープで味わえる。

☎0744-54-2055
所 明日香村岡40
営 11:00～売り切れ次第閉店 休 不定休
交 明日香周遊バス・岡戎前下車すぐ
P 20台

予約 飛鳥鍋は要
予算 L D 1000円～

飛鳥鍋

↑アットホームな雰囲気が漂う店構え(上)。昼はにゅうめんに柿の葉ずしやわらび餅などが付く飛鳥路旅の味セット1300円も人気(下)

飛鳥鍋(単品) 2750円
洋風野菜も合うミルク鍋で、コースには煮物、柿の葉ずし、ごま豆腐、わらび餅にフルーツが付く

地元食材が満載の
農村レストラン

明日香の夢市・夢市茶屋

あすかのゆめいち・ゆめいちちゃや

古代米が食べたい!

飛鳥 MAP 付録P.17 E-3

明日香の新鮮な野菜と緑米や赤米などの古代米を使い、地元のお母さんたちが手間ひまかけて作る古代米御膳や古代米カレーが人気。冬には古代米御膳に代わり、牛乳と味噌を使った飛鳥鍋御膳や大和芋だんごをポン酢で食べる小雪鍋御膳も登場する。

☎0744-54-9450
所 明日香村島庄154-3 営 11:00～16:00(土・日曜は～17:00) 休 無休 交 明日香周遊バス・石舞台下車すぐ P 10台

↑1階のショップでは農産物や手作り加工品などを販売

↑明日香夢舞台の芝生広場が望めるログハウス風の店内

古代米御膳 1400円
古代米ごはんと吉野葛と豆乳で作る呉豆腐に揚げ物、野菜の炊き合わせ、酢の物などほっとするメニュー

予約 可(時期による)
予算 L 1400円～

篠峯

予約 望ましい
予算 D 3800円～

大和肉鶏の一品 890円～
大和肉鶏はたたきが890円。数種のニンジンなどが付く野菜刺身盛り合わせは759円

大人のおいしい夜を約束する
大和肉鶏と野菜と日本酒自慢の店

じゅん平

じゅんぺい

地鶏が食べたい!

ならまち MAP 付録P.8 B-4

地元出身の店主が2013年に始めた居酒屋は、週末になると満席に。地産池消を念頭に、大和肉鶏や大和野菜を使った一品は、日本酒がすすむ味ばかり。お酒は奈良の蔵元が中心。料理に合う万能酒と評判の千代酒造「篠峯 竹山」などと一緒に、奈良の夜を楽しみたい。

☎0742-31-7140
所 奈良市上三条町7 メゾンドバンイノウエ1F
営 17:00～0:00(LO23:30) 休 不定休
交 近鉄奈良駅から徒歩5分 P なし

↑L字型のカウンター席のほかに小上がりも

じゅん平

↑通り沿いの提灯が目印。入口はビルの奥に

食通が唸る奈良のフレンチ&イタリアン

鮮烈な一皿たちの華やかな饗宴

奈良の都にはハイレベルなフランス・イタリア料理店が点在。腕利きのシェフたちがときに伝統を、ときに革新を味わわせてくれる。

⇧コース内容は約1カ月半ペースで一新。四季折々、奈良や周辺地域の食材と高田シェフの閃きを一皿に。写真は七谷鴨のロティ

若草山の緑を愛でながら軽やかなフレンチを味わう

フランス料理

仏蘭西料理 ラ・テラス

ふらんすりょうり ラ・テラス

奈良公園周辺 MAP 付録P.7 E-2

奈良公園内にあり、夏は緑、秋は紅葉などがテラス席でも堪能できる贅沢なレストランは、若草山を望む絶景ロケーションも自慢のひとつ。料理はフレンチの技法を大切にしながらも、ムースやシンプルなソースで軽やかに仕上げられていて好評だ。

☎0742-27-0556
所奈良市春日野町98-1 ザ・ヒルトップテラス奈良内 営12:00〜13:00(LO) 18:00〜19:00(LO)
休火曜、水曜不定休 交奈良交通バス・春日大社本殿下車、徒歩5分 P60台

予約 要
予算 L6800円〜 D1万8000円〜

⇧室内も天窓から木洩れ日が降り注ぐ、明るく心地よい空間

⇨気候の良い時季には、風がそよぐテラスが特等席

名ホテルの歴史を感じさせる受け継がれた伝統的フレンチ

フランス料理

メインダイニングルーム「三笠」

メインダイニングルーム「みかさ」

奈良公園周辺 MAP 付録P.8 C-1

多くのセレブに愛されてきた古都を代表する奈良ホテル(P.97)の、メインダイニング。ビーフシチューなどの欧風料理から、正統派のフレンチまで、長らく受け継がれてきたメニューが健在で、優雅なもてなしに旅気分が盛り上がる。

☎0742-24-3044

所 奈良市高畑町1096 奈良ホテル本館1F
営 7:00〜9:30 11:30〜14:30 17:30〜21:00 休 無休
交 近鉄奈良駅から徒歩15分
P 100台

↑ビーフカレーセット2662円。ランチのみの提供

→ランチ春日野7865円のほかハーフコースなどランチもコースが豊富

予約 望ましい

予算 Ⓛ4514円〜 Ⓓ4752円〜(アラカルト)

←東京駅舎などを設計した辰野金吾の名建築のひとつ。館内散策もぜひ(左)。高い天井が開放的。窓からは緑の向こうに興福寺が見える(右)

↑フォアグラ用に飼育された、しっとりときめ細かな肉質のマグレ鴨のロースト2700円。ブラッドオレンジの赤ワインソースとともに

土鍋料理やチーズづくしなど会話も弾む楽しいイタリアン

イタリア料理

BANCHETTI

バンケッティ

新大宮 MAP 付録P.10 C-1

2016年オープンの注目店。信楽焼の窯元にオーダーした土鍋でサーブされるアクアパッツァや、チーズづくしのコースなど、「バンケッティ=おもてなし」の名にふさわしい遊び心のあるイタリアンに大満足。

☎0742-35-8170

所 奈良市芝辻町4-6-14 澤井ビル 営 12:00〜13:00(LO) 17:30〜21:00(LO)
休 日曜 交 近鉄・新大宮駅から徒歩3分 P 2台

予約 Ⓛ要 Ⓓ望ましい

予算 Ⓛ1730円〜 Ⓓ3780円〜

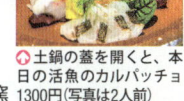

↑土鍋の蓋を開くと、本日の活魚のカルパッチョ1300円(写真は2人前)

↑カウンターをメインにテーブル席もあり

奈良の食材をちりばめた驚きのある料理に感動

イタリア料理

リストランテ リンコントロ

ならまち MAP 付録P.9 E-2

シェフの西岡正人氏は、猟師の免許を持ち自ら食材を調達するほどの凝り性。大和茶を練り込んだ手打ちパスタや、定番人気の生ハムやサラミも自家製で、ほかでは味わえない独創的な味を披露してくれる。リピーターも多い。

☎0742-26-8959

所 奈良市薬師堂町9 営 11:30〜14:30(LO) 18:00〜22:00(LO) 休 水曜(祝日の場合は翌日)
交 近鉄奈良駅から徒歩16分 P なし

↑シェフとの会話も楽しいカウンターのほか奥にはテーブル席も

↑店がある界隈は古い町家が立ち並び、落ち着いた雰囲気

↓奈良の希少なまほろば牛を使うほか、夏鹿などジビエも登場。パスタは手打ちのほか、イタリア製マシンでスパゲティも自家製に

予約 要

予算 Ⓛ4000円〜 Ⓓ6000円〜(税別)

風雅な空間で伝統のおやつを楽しむ

和の甘味処でまほろば時間

粋な空間と伝統の和菓子でもてなす古都の休憩処。
口の中に広がるやさしい甘さに、疲れもほっと癒やされる。
お寺や神社への参拝の間に立ち寄りたい。

素材と向き合い寄り添う
職人気質の和菓子を堪能

萬菓子誂處 樫舎

よろずかしあつらえどころ かしや

ならまち MAP 付録P.9 D-2

春日大社などへのあつらえ菓子を手がけてきた主人が、厳選した吉野本葛や丹波小豆でていねいに作る「みよしの」(葛焼き)や季節の和菓子を町家の店内で味わえる。目の前で菓子を作って振る舞うカウンター席は予約のみ。

☎0742-22-8899
所 奈良市中院町22-3 営 9:00～18:00 休 無休
交 近鉄奈良駅から徒歩11分 P 3台

1. 代表銘菓「みよしの」(葛菓子)は抹茶とセットで1100円
2. ならまちの古い町家を生かした店
3. 奈良の職人による赤膚焼や奈良漆器など器や道具も必見
4. カウンター席は菓子、飲み物各4種のコース3300円

四季折々に絵になる
茅葺き屋根の茶店

水谷茶屋

みずやちゃや

奈良公園周辺 MAP 付録P.7 E-2

若草山と春日山を流れる小川のほとりにたたずむ茶店。野点傘に赤い毛氈(もうせん)を敷いた床几で休めば、小川で群れ遊ぶ鹿たちの姿も見られる。創業当初からの名物わらびもちや茶屋だんごなどの甘味のほか、うどんなど軽食もある。

☎0742-22-0627
所 奈良市春日野町30 営 11:00～15:30 休 水曜 交 奈良交通バス・春日大社本殿下車、徒歩3分
P 周辺駐車場利用(有料)

1. 紅葉の名所でもあり、風情あふれるロケーション
2. 大正初期に建てられた茅葺き屋根と柱を残した建物
3. 黒砂糖を練り込んだ春日野わらびもち550円

老舗の創作菓子を 情緒豊かな町家空間で

寧楽菓子司 中西与三郎

ならかしつかさ なかにしよさぶろう

ならまち MAP 付録P.9 D-3

ならまちのシンボルを生菓子に表現した「庚申さん」や、大和茶、小豆、味噌の3色だんごを笹でくるんだ「奈良町だんご」など、地元にちなんだ創作菓子が有名。町家茶房「六坊庵」で大和茶や抹茶、コーヒーとともに楽しめる。

☎0742-24-3048

所奈良市脇戸町23 営10:00〜18:00(土・日曜、祝日は〜18:30) 休月曜(祝日の場合は営業) 交近鉄奈良駅から徒歩10分 Ⓟなし

1. 季節の上生菓子お抹茶セット1280円(季節によりお菓子が変更)
2. 中西与三郎特製ぜんざいはほうじ茶付きで850円
3. 和菓子作り体験やギャラリー、イベントも開催している
4. 中庭の見える茶房「六坊庵」

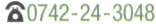

1

2

3

4

1

焼きたて作りたてに こだわる和スイーツ

天平庵 大和郡山店

てんぴょうあん やまとこおりやまてん

郡山 MAP 付録P.11 F-3

十勝産小豆、ヨード卵、国産小麦粉100%を使って朝焼きしたものだけを販売するふわふわのみかさ「大和三山」が人気。和菓子ショップに併設のカフェでは抹茶セットなどの和スイーツのほかカレーやパスタなどの軽食も用意。

☎0743-58-5566

所大和郡山市九条町156-1 営9:30〜19:00、喫茶9:30〜17:00 休無休 交近鉄・九条駅から徒歩10分 Ⓟ22台

1. 宇治抹茶と上生菓子セット1100円
2. 白いガラス張りの建物が目印
3. 天井が高く開放的な店内
4. 大和三山1個195円。毎日焼きたてを販売するため、売り切れてしまうこともあるので、予約がおすすめ

2

3

4

葛好きにはたまらない 町家で吉野本葛甘味

吉野葛 佐久良

よしのくず さくら

ならまち MAP 付録P.9 D-3

旧家の座敷でいただける葛きりや葛もちは、吉野本葛を100%使用し、注文を受けてから練り上げるため、しっかりとした歯ごたえとつるんとした喉ごしが自慢。季節のお茶と干菓子のウェルカムサービスもうれしい。

☎0742-26-3888

所奈良市高御門町2 営10:00〜16:30LO 休木曜 交近鉄奈良駅から徒歩12分 Ⓟなし

1

2

1. 築およそ160年の町家で、店先では葛の和菓子の販売も
2. まるで親戚の家に遊びにきたような懐かしい雰囲気の座敷席
3. 葛きり900円。黒蜜は最後に氷を入れて飲むことができる

3

佐久良

木のぬくもりにあふれた古風モダン

古民家カフェのほっこり情緒

古都・奈良で大人気のリノベカフェ。ならまち(➡P.38)以外に、飛鳥などにも注目店がある。

美しい意匠の格子やガラス、建具などを残しながら2カ月かけて改装。2015年春に移転オープンした(café ことだま)

飛鳥を感じて、食べて、くつろぐカフェ

古民家カフェ

café ことだま

カフェ ことだま

予約 望ましい
予算 1700円～

飛鳥 MAP 付録P.17 E-3

築170年余の元酒蔵をセルフリノベーションしたカフェ。明日香村で実際に使われてきた調度品が飾られ、懐かしくもおしゃれな空間に生まれ変わった。地元野菜を使った「ことだまランチ」は多彩なおかずとミニお重のデザートも付いて予約必須。

☎0744-54-4010
所明日香村岡1223
営10:00～16:30(土・日曜、祝日は～17:00) ランチ11:00～14:00(LO) カフェ14:00～閉店30分前(LO)
休火曜、第3水曜(祝日の場合は営業) 交明日香周遊バス・島庄下車すぐ P15台

明日香村に惚れ込んだ夫妻が移住して開いた古民家カフェ

ことだまランチ1700円。2週間ごとにメニューが替わる

隠れ家のような民家でゆったり読書、ときどきカレー

古民家カフェ

ミジンコブンコ

予約 可
予算 1000円～

奈良公園周辺 MAP 付録P.6 C-1

閑静なきたまちの古民家を改装したブックカフェ。土間や板の間のカウンター席、テーブル席などが、一人でも落ち着いて読書を楽しめるように配されている。穏やかな空間でいただけるのがスパイシーなカレー3種。爽やかな香りが口の中に広がる。

☎0742-24-8231
所奈良市東笹鉾町41
営11:30～17:30(LO17:00) 休日・月曜、毎月5・15・25日 交近鉄奈良駅から徒歩15分
P2台

スパイスのおばんざいプレート5種盛り、スープ付き1200円

店主所蔵の小説や絵本、建築本や画集など800冊以上が並ぶ

買う

大和の風土と
情感がこもった
おみやげに
出会う

工芸品から食品にいたるまで、
奈良のものはどこか温かい。
品物を手に取ると、
作り手の真心にふれるようだ。
旅のあと、手に入れた品々の包みを
開けると、大和路の匂いと心が
やさしく蘇ってくる。

「花より団子」はきっと奈良の和菓子!

老舗の上質銘菓

ぱっと咲いて散る桜より、地道な長い時間が醸した名品。
華やかさよりも、芯のある味わいを楽しみたい品々が揃う。
老舗の職人が丹精して作り上げる逸品をおみやげに。

わらび餅

A 生わらび餅 1箱6切入り800円
ふるふると揺れるやわらかい食感で、きな粉も香ばしい常温で味わう看板商品

三笠

A 大三笠 袋入り1個 900円
直径16cmの大判どら焼き。ふっくら手焼きの生地に自家製のつぶ餡がたっぷり

C 御城之口餅 6個入り770円
国産小豆で作るつぶ餡を米からついた餅で包み、きな粉をまぶした一口サイズの餅菓子

つみ小菊

C つみ小菊(こぎく) 25粒入り2200円
和三盆と吉野本葛を配合した干菓子。5色の小菊に菊のパッケージもおみやげに最適

C 奈良まほろば金魚 1箱550円
金魚の街と知られる郡山。寒天と砂糖を煮詰め冷やし固めて乾燥させた金魚の錦玉が愛らしい

D 青丹よし 6枚入り1410円
寒梅粉と和三盆を混ぜて固めて短冊形に切った落雁。薄紅色と抹茶入りの緑色の2種類

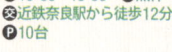

A 千壽庵吉宗 奈良総本店
せんじゅあんよしむね ならそうほんてん

奈良公園周辺 MAP 付録P.6 C-1

口に入れた途端にとろける絶品

国産わらび粉と甘藷でんぷんを長時間かけて練り上げる手間のかかったわらび餅が有名。きなこクリーム大福も新名物としてファンが急増中。

☎0742-23-3003 所奈良市押上町39-1
営10:00～18:00 休無休
交近鉄奈良駅から徒歩12分
P10台

B 萬々堂通則
まんまんどうみちのり

ならまち MAP 付録P.8 B-3

味も形も名前も典雅な和菓子

風趣に富んだ和菓子が四季折々に並ぶ老舗。名物は春日大社にお供えされる唐菓子を工夫した「ぶと饅頭」。由来も名前もゆかしい和菓子が揃う。

☎0742-22-2044 所奈良市橋本町34
営10:00～18:00(木曜は～17:00)
休木曜不定休 交近鉄奈良駅から徒歩6分
Pなし

C 御菓子司 本家菊屋
おかしつかさ ほんけきくや

郡山 MAP 付録P.13 E-2

400余年前からの奈良名物

郡山城の大手門入口に店を構えて400年余。豊臣秀吉に献上して名付けられた鶯餅の原型といわれる「御城之口餅(おしろのくちもち)」が名物。「菊之寿(きくのことぶき)」も人気商品。

☎0743-52-0035 所大和郡山市柳1-11
営9:00～18:30 休無休
交近鉄郡山駅から徒歩5分
P4台

D 千代の舎 竹村
ちよのや たけむら

奈良公園周辺 MAP 付録P.8 B-3

古事来歴に通じる老舗

創業320年の老舗。奈良の枕詞を名前にした皇室献上銘菓「青丹よし」で知られる。風雅な干菓子から親しみやすい饅頭まで奈良の歴史を伝える。

☎0742-22-2325 所奈良市東向南町22
営10:00～17:00(土・日曜、祝日は～17:30)
休木曜 交近鉄奈良駅から徒歩3分
Pなし

A きなこクリーム大福 1個250円
新名物になった黒糖を練り込んだ生地で、きな粉クリームを包んだ大福。要冷蔵

B ぶと饅頭 1個230円
小麦粉を使った生地でこし餡を包んで揚げた和風あんドーナツ風

B はなの松 1パック6袋入り500円
興福寺五重塔の近くにあった弘法大師お手植えの松を偲んだ卵ボーロのお菓子

B 弓月 1個210円
『万葉集』に詠われた三輪の弓月が嶽を表現。生地はほのかなしょうがの風味でこし餡入り

C 菊之寿 5個入り1500円
練乳を加えた洋風生地で黄身餡を包んで焼き上げたやさしい甘さの焼き菓子

B もっとの 1包175円
餅飯殿(もちいどの)の町名に由来する。もち粉ときび粉を練ってきな粉をまぶした餅菓子

D さるさわの月 6個入り1150円
バターと卵のたっぷり入った白あんをクッキー生地でやわらかく包んだお菓子

D 奈良饅頭 2個セット370円
日本で最初に饅頭を作った中国人の林浄因にちなみ、林の焼き印は小豆こし餡、鹿は白餡

ちょっと驚き!
洋菓子の実力派

奈良は和菓子ばかりではなく、洋菓子も名を知られた店が点在。極上のスイーツを試してみたい。

世界トップレベルのお菓子を堪能

ガトー・ド・ボワ本店
ガトー・ド・ボワほんてん
佐保路・佐紀路 MAP 付録P.10 C-3

ショーケースには世界大会で1位を獲得した「アンブロワジー」や「ラ ギャラクシー」など常時30種の美しいケーキが並ぶ。焼き菓子も種類豊富。

☎0742-48-4545 所奈良市西大寺南町1-19-101 営10:00～18:00、喫茶12:00～17:00(LO) 休木曜、第3水曜、ほか臨時休あり 交近鉄・大和西大寺駅から徒歩2分 P西大寺駐車場利用(テイクアウト30分、イートイン1時間無料)

↑外観もおしゃれ。喫茶コーナーも併設

↓右から時計回りにマルジョレーヌ702円、アンブロワジー880円、シャモニー756円

洋酒が入った大人のチョコレート

バーマンズチョコレート
ならまち MAP 付録P.8 C-3

グラッパ、ラム、シングルモルト、シャンパンなどそれぞれの洋酒の香りが立ったワンランク上の生チョコレートはおみやげにも好評。

☎0742-20-5677 所奈良市餅飯殿町42-1 OKビル2F 営10:00～18:00 休不定休 交近鉄奈良駅から徒歩7分 Pなし

←テイクアウトは3粒、9粒、18粒から選べる

→9種の洋酒の香りが楽しめるチョコレートプレート1650円

奈良 大和路で出会ったおいしさを、そのままお持ち帰り

大和が生んだ逸品 味みやげ

奈良旅行の最中、食事処でさまざまな郷土のおいしい味覚に出会うはず。お気に入りはおみやげにして、自宅で楽しんだり、親しい人たちにおすそ分けしたり。上質なパッケージの品も揃うので、贈答用にも。

奈良漬

白瓜などの野菜を塩漬けにし、酒粕で漬け込む奈良発祥の漬物。

奈良漬
奈良漬

A 瓜袋詰
おみやげに定番の一品。1本入り1296円

A きゅうり袋詰
奈良の伝統野菜「大和三尺」というきゅうりの袋詰。1袋1296円

奈良漬

A きざみ奈良漬
丹波立杭焼の壺に入っている。230g1320円

B 茶粥セット
緑茶、ほうじ茶の粉茶が入った茶粥のセットも販売している。各500円

お茶

大和茶として主に大和高原で栽培。まろやかな味が特徴。

抹茶
大和の和

B 大和の和
奈良県産の抹茶。30g1250円

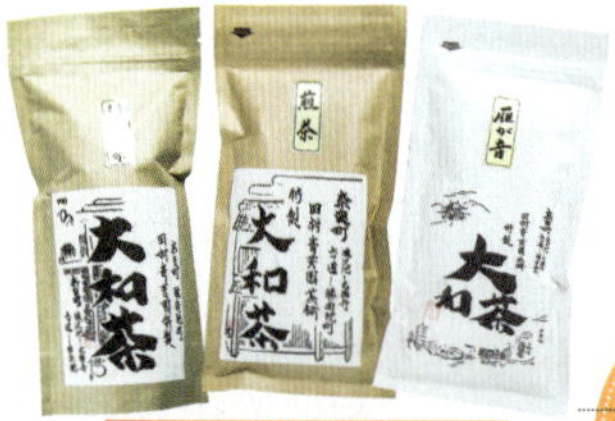
大和茶
大和茶

B 大和茶各種
雁が音600円(右)、煎茶600円(中)、ほうじ茶400円(左)。各100g入り

そうめん

三輪の老舗で有名。手延べ作りで細くてもコシがある。

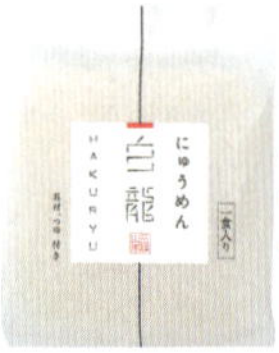
にゅうめん
白龍

C 白龍 にゅうめん
レンジでできる温かい白龍にゅうめん。手軽に本格的な味を。626円

手延べ
華三彩

C 華三彩
梅・柚子・抹茶の華やかな色のそうめん。712円

C Somen pop
まるく結んだ手延べそうめんと冷やし用めんつゆのセット432円

A 森奈良漬店

もりならづけてん
奈良公園周辺 MAP 付録P.7 D-2

東大寺門前の奈良漬の老舗

明治2年(1869)の創業。酒粕と天然塩だけで漬け込んだ奈良漬は、白瓜、スモモ、スイカなどバラエティ豊か。大和の伝統野菜である大和三尺きゅうりの奈良漬が買えるのはこの店だけ。

御奈良漬

☎0742-26-2063
所 奈良市春日野町23
営 9:00〜18:00
休 無休 交 奈良交通バス・東大寺大仏殿・春日大社前下車すぐ
P なし

B 田村青芳園茶舗

たむらせいほうえんちゃほ
ならまち MAP 付録P.8 C-3

大和茶の芳しい香りに癒やされる

築150年以上の町家の店内から、毎朝ほうじる香ばしいお茶の香りが漂う。大和茶を専門とし、調理法の説明書入り茶粥セットなど店主自らの筆によるパッケージも趣がある。

☎0742-22-2833
所 奈良市勝南院町18
営 10:00〜15:00
休 月・木曜
交 近鉄奈良駅から徒歩10分
P なし

C 三輪 山本

みわ やまもと
三輪 MAP 付録P.13 E-4

そうめんが楽しめる食事処も併設

創業1717年。細さを極限まで追求した「白龍」や「白髪」はギフトにも人気で、家庭用にレンジで簡単に調理できる商品も。奈良市内の百貨店やおみやげ売り場でも一部取り扱いあり。

☎0744-43-6662
所 桜井市箸中880
営 10:00〜17:00(9〜3月は〜16:30) 休 不定休 交 JR巻向駅から徒歩10分 P 60台

柿の葉すし

奈良の風土ととけ合った、米と鯖と柿の葉の三位一体の味。

D 柿の葉すし
上質感のある木箱入り3694円。鯖・鮭・鯛18個詰め合わせと内容もたっぷり

吉野本葛

葛の根から採取したでんぷん。菓子に料理に、用途は幅広い。

胡麻豆腐

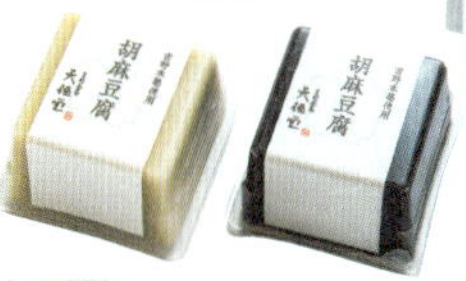
胡麻豆腐
胡麻豆腐

F 胡麻豆腐
もっちりとした弾力となめらかな口当たり。味噌だれ付き。1セット540円

春鹿

E 純米大吟醸原酒
山田錦を50%まで精白して仕込まれた芳醇な限定品。720mℓ3575円

春鹿
大吟醸
春鹿

E 旨口四段仕込 純米酒
穏やかな香り、お米の濃醇な旨みと甘みのある純米酒。720mℓ1375円

E 純米大吟醸 蔵出し限定 生酒
華やかな香りとなめらかな口当たりが絶妙の逸品。要冷蔵。720mℓ4070円

春鹿
封印酒
春鹿

E 純米吟醸 封印酒
上品な吟醸香と軽やかな旨み、喉ごしもなめらかな吟醸酒。720mℓ1870円

地酒

奈良は日本清酒発祥の地。喉ごしがよく、キレがあるのが特徴。

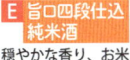

F 葛の里
砂糖だけで味付けをしたもののほか、しょうが、抹茶、おしるこの味が楽しめる葛湯セット。6個入り1005円

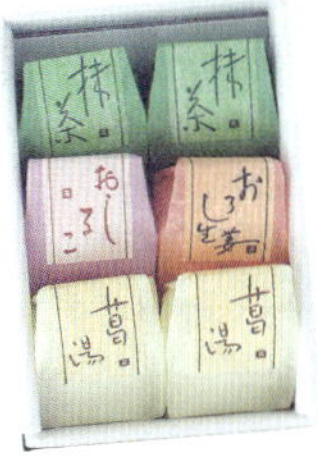
抹茶
抹茶
おしるこ
おしょうが
葛湯
葛湯

F 葛もち
カップ入りの食べきりサイズの葛もち。きな粉と黒蜜付き。1個216円

D 柿の葉すし本舗 たなか なら本店

かきのはすしほんぽ たなか ならほんてん
奈良公園周辺 MAP 付録P.8A-3

柿の葉すしの伝統と魅力を発信

昭和天皇・皇后両陛下に柿の葉すしを献上した老舗。こだわりの厳選素材を使用した柿の葉すしは、定番の鯖はもちろん、鮭や鯛も人気。季節限定の柿の葉すしも販売。イートインもできる。

☎0742-81-3651
所 奈良市東向中町5-2
営 9:30〜19:00
休 無休
交 近鉄奈良駅からすぐ　P なし

E 今西清兵衛商店

いまにしせいべいしょうてん
ならまち MAP 付録P.9 E-1

きき酒ができる「春鹿」の酒蔵

明治17年(1884)創業の銘酒「春鹿」で知られる酒蔵。酒蔵ショップでは500円で季節限定酒など5種類のきき酒が説明付きで味わえる。グラスは別途330円で購入可能。

☎0742-23-2255(平日のみ)
所 奈良市福智院町24-1
営 10:00〜17:00(きき酒の受付は〜16:30)イベント時は変動・休業あり　休 無休
交 近鉄奈良駅から徒歩15分
P 5台

F 天極堂 奈良本店

てんぎょくどう ならほんてん
奈良公園周辺 MAP 付録P.6 C-2

希少な吉野本葛を味わう

明治3年(1870)創業の葛の老舗。「白いダイヤ」とも呼ばれる吉野本葛を使った葛きりや葛もち、葛湯などおみやげに人気の和洋菓子が並び、店内では葛スイーツや葛うどんなど葛料理が楽しめる。

☎0742-27-5011
所 奈良市押上町1-6
営 10:00〜19:30(飲食のLO19:00)　休 火曜(祝日の場合は翌日)
交 近鉄奈良駅から徒歩10分　P 9台

長い歴史のなかで研ぎ澄まされてきた

職人の心意気にふれる 伝統工芸品

古都・奈良には長い歴史を持つ工芸品の数々があり、制作者が少なくなった今でも、伝統は継承されている。質の高い奈良みやげならば、職人さんがいる工房へ。

職人Profile
6代目の池田匡志さん。「新しいデザインにも挑戦したい」と、新作も発表予定。体験教室(要予約)も行っている

↑奈良団扇のほか、裏面を絹で仕上げた軽い扇子などもおすすめ

透かし模様が涼やかな
目でも楽しむ奈良団扇

池田含香堂
いけだがんこうどう

奈良公園周辺 MAP 付録P.8 B-4

奈良時代に春日大社の神官の手内職として作られていた渋団扇が、奈良団扇のルーツとか。その後、江戸時代に現在の透かし彫りが施されるように。骨は竹製で持ち手と一体化しているため、丈夫かつやわらかくしなり、軽くあおぐだけで心地よい風が吹く。

☎0742-22-3690 所奈良市角振町16
営9:00〜19:00 休9〜3月は月曜、4〜8月は無休 交近鉄奈良駅から徒歩5分 Pなし

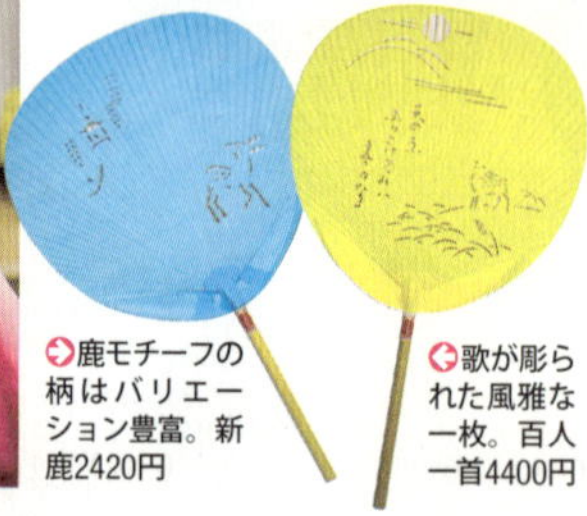

→鹿モチーフの柄はバリエーション豊富。新鹿2420円

←歌が彫られた風雅な一枚。百人一首4400円

↘オリジナルの奈良絵扇子3520円(税別)も愛らしい

100種類を超える筆は
すべてオリジナル

奈良筆 田中
ならふで たなか

ならまち MAP 付録P.9 D-2

伝統工芸士の田中千代美さんは、筆作りの奥深さに魅了され30年以上前にこの世界へ。「馬の尾やたぬきなど、毛のブレンドやサイズによって作れる筆は無限大」と、そのおもしろさを伝える体験教室も行う(要予約)。化粧筆から書画用まで、さまざまな筆が揃う。

☎090-8483-4018 所奈良市公納堂町6
営11:00〜17:00 休不定休
交近鉄奈良駅から徒歩15分
Pなし

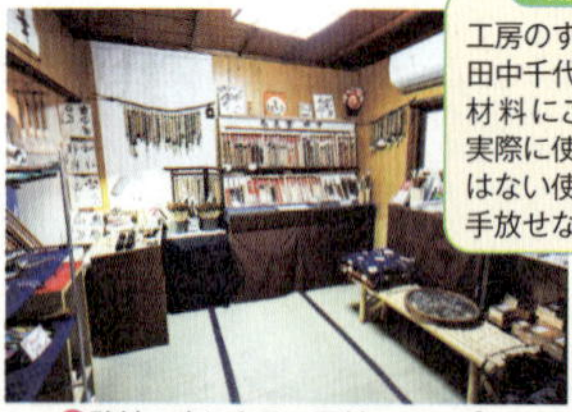

↑路地の奥にある工房兼ショップ。2階の工房で体験教室を行う

職人Profile
工房のすべての筆を作る田中千代美さんは、国産材料にこだわって制作。実際に使うと、量産品にはない使い心地のよさに手放せなくなる

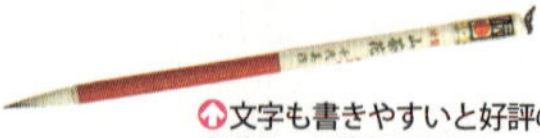

↑文字も書きやすいと好評の定番品。山茶花3520円

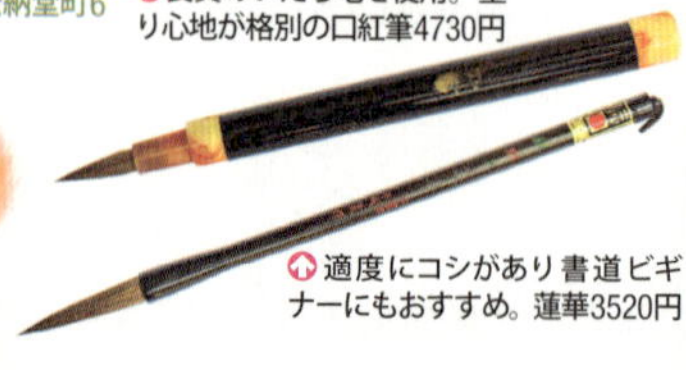

↓良質のいたち毛を使用。塗り心地が格別の口紅筆4730円

↑適度にコシがあり書道ビギナーにもおすすめ。蓮華3520円

→山羊の毛でできたふわふわのフェイスブラシ3960円

赤膚焼(あかはだやき)の作家の店で見つけた
影を楽しむ幻想的な燈火器

寧屋工房

なやこうぼう

ならまち MAP 付録P.9 E-2

街並みに溶け込む古民家のたたずまい。赤膚焼(あかはだやき)の陶芸家・武田高明さんの店には、奈良絵の器がたくさん並んでいる。常連には茶人も多く、お気に入りの抹茶茶碗にも出会えそう。くりぬいた文様が壁に投影される影も美しい「燈火器」は、武田さんを代表するシリーズ。

☎0742-23-3110 所奈良市芝新屋町18
営10:30〜17:30 休水曜
交近鉄奈良駅から徒歩15分
Pなし

職人Profile
大学卒業後に陶芸家のもとで修業を積んだ武田高明さん。フリーハンドで燈火器の文様を次々とくりぬく技は見事

↑燈火器にはさまざまなサイズが。奈良絵の器は見ているだけで和む

↑吉野の桜をモチーフにした燈火器は桜文様が投影される。8800円

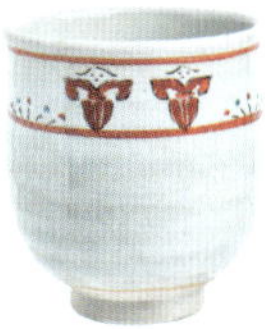

↑手にすっぽり収まる使い勝手のよい造形に奈良絵を施した湯呑み。3000円

↑5枚セットの奈良絵の銘々皿は料理にもお菓子にも活躍しそう。1万5000円

いにしえの墨作りを継承
11〜4月のにぎり墨体験もぜひ

古梅園

こばいえん

ならまち MAP 付録P.8 C-4

飛鳥時代に伝わったとされる墨を、伝統の製法で今も作り続けている老舗。店の奥では毎年11〜4月に墨作りが行われ、にぎり墨体験に参加するとその様子も見学できる。書家も愛用する高級品から普段のお稽古用まで、さまざまな商品を揃えている。

☎0742-23-2965 所奈良市椿井町7
営9:00〜17:00 休土・日曜、祝日
交近鉄奈良駅から徒歩6分
Pなし

採煙や磨き、型入れなどの工程を熟練の職人が分業で行う。機械に頼らない墨作りは国内でもこの一軒のみ

→寺院の調製品など、創業から440年を経た老舗ならではの品質に舌を巻く。にぎり墨体験は要予約。1人4400円〜

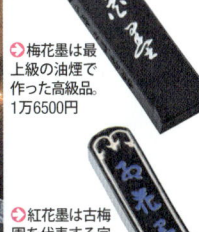

→梅花墨は最上級の油煙で作った高級品。1万6500円

→紅花墨は古梅園を代表する定番の品。5500円

→櫻形は伸びのあるかな文字用にもなる。4950円

奈良発 モダンクラフト collection

暮らしを豊かにしてくれる小物たち

鹿モチーフはおみやげの定番

花鹿のくつした/奈良の鹿角守り花鹿

正倉院宝物に描かれた「花鹿」の刺繍がワンポイントに。くつしたは各1650円、守りは1430円

鹿猿狐みくじ

陶器のマスコットの中に、5種類のお告げが入っている。インテリアとしてもかわいい一品。550円

かや織ふきん

奈良の工芸「かや織」を生かしたふきんは、限定柄も豊富。各550円

中川政七商店 奈良本店

なかがわまさしちしょうてん ならほんてん

ならまち MAP 付録P.8 C-3

創業地に構える中川政七商店の旗艦店。3000点を超える生活雑貨や、築130年の町家を生かした空間、麻のものづくりの体験が楽しめる。奈良を訪れた記念となるような限定商品も豊富に取り揃えている。

☎0742-25-2188
所 奈良市元林院町22 鹿猿狐ビルヂング
営 10:00～19:00
休 無休
交 近鉄奈良駅から徒歩7分 Ⓟなし

作り手の思いが伝わる品々

やさしい器

奈良のいまに陶房の器は縁に立ち上がりがあり、使いやすい。3456円～

青木さんの竹たがのおひつ

炊いたご飯を入れて2時間後、甘みが増しておいしくなるそう。2万5300円

ハーブ入り紅茶

奈良の久保田農園の和紅茶にハーブをブレンド。15g各500円、箱入り各1200円

TAjiKAの鋏

紙や布が切りやすいだけでなく、デザインも美しい多鹿治夫鋏製作所のハサミ。1万1000円

空樒

そらみつ

奈良公園周辺 MAP 付録P.7 E-3

店主が作り手のもとへ赴き、自ら使って選んだ使い心地のよいものだけをセレクト。しかも、どれもデザインが美しい。器やバッグなどの生活道具のほか、奈良ゆかりのお茶なども販売している。

☎非公開 所 奈良市高畑町1445-1 営 12:00～18:00(12～3月は～17:00) 休 不定休(HPを参照)
交 奈良交通バス・破石町下車、徒歩13分
Ⓟ2台

麻布や和紙など定番の和グッズはもちろん、物語のあるこだわり雑貨を集めたお店も続々増えている。鹿や寺社、仏像といった奈良らしいモチーフの取り入れ方もセンスがいいのが好印象。専門店やセレクトショップで、奈良の思い出を残すお気に入りの一品を見つけたい。

使って楽しい生活雑貨

3寸皿
宮内知子氏の木製の小皿は、絵柄を彫って漆を埋め込んだ凝った手法。各2970円

茶碗
大野素子氏の茶碗は手に収まりもよく、カフェ・オ・レ・ボウルにも。2640円

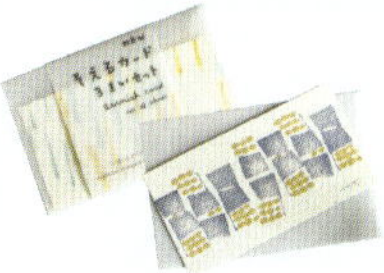

そえるカード
いろいとが手がけるカードは3枚入りで、やさしい色合いの絵柄。297円

箸置き
草舟が作る鹿の箸置きは表情もキュートで密かな人気。各1210円

カウリ

ならまち MAP 付録P.9 E-3

趣あるならまちに店を構える。器やアクセサリーなど作家の作品は、どこか素朴で温かみのあるものばかり。すべてにストーリーがあり、店主に話を聞きながら選ぶのも楽しみ。

☎0742-93-9208
所奈良市鳴川町1
営11:00～18:00 休不定休
交近鉄奈良駅から徒歩13分 Pなし

一度使うと手放せないふきん

白雪友禅ふきん（奈良限定）
伝統の赤膚焼の奈良絵をふきんに。奈良でしか買えない商品。495円

白雪スクワランうるおいたおる
しっとりやわらかな手ざわりで、敏感肌の人や、美容好きな人に人気。コンパクトサイズで968円

白雪はんかちふきん
かわいい刺繍を施した、ハンカチにもふきんにも使えるミニサイズ。605円

白雪友禅湯上りたおる
肌に吸い付くようなバスタオルは一度使うとやめられない。3960円

白雪帆布がまぐち
友禅ふきんと同じ柄をプリントした帆布製で鹿柄は定番人気。各1870円

白雪ヘアターバン
ロングヘアもしっかり収まる便利なヘアターバンは、パッケージもキュート。1540円

白雪ふきん
しらゆきふきん

奈良公園周辺 MAP 付録P.5 D-3

大仏のお身拭いにも使われている丈夫で使いやすい定番のふきんのほか、肌にやさしいスクワランうるおいたおるなど顔&体用もすぐれもの。バッグやポーチなどの小物も絵柄が豊富でおすすめ。

☎0742-22-6956 所奈良市南紀寺町5-85
営10:00～17:00 休日曜、祝日、第1・3・5土曜 交奈良交通バス・南方町下車、徒歩3分
P3台

美しい和文具を求めて

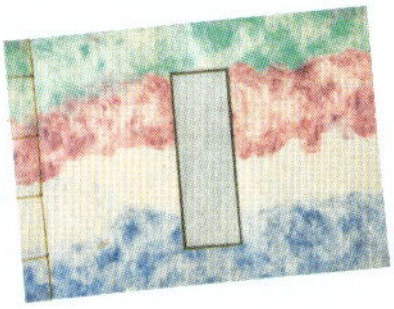

和帳
出雲和紙で作られた和のノート。ちょっと珍しい横型タイプ。1320円

猫の張子
竹紙の質感も素朴な猫。形や表情もすべて違うのは作家作品ならでは。各2200円

グリーティングカード
カナダ在住の作家の作品で和紙の風合いが素敵。封筒付き。500円

朱印帳
一般的なものとは違い、中紙は画仙紙を使っているので墨ののりが格別。1980円

一筆箋
オリジナルで鹿や春日大社など奈良にまつわる絵柄が愛らしい。400円

藤田芸香亭
ふじたうんこうてい

ならまち MAP 付録P.8 C-3

元和紙問屋だけに、全国各地から集められた和紙や紙製品が並んでいる。オリジナルの一筆箋や和綴じのノートなど、ちょっと優雅な気分に浸れる和の文具類が素敵。

☎0742-22-2082 所奈良市光明院町12
営11:00～18:00 休木曜、ほか不定休
交近鉄奈良駅から徒歩7分
Pなし

奈良中心部から足を延ばして

郊外のエリアとアクセスガイド

山中のエリアにも、情緒あふれる古寺や旧跡が点在している。いずれも奈良中心部から1時間前後。気軽に足をのばしてみたい。

京奈和自動車道
当尾
浄瑠璃寺
旧柳生藩家老屋敷
近鉄奈良線
平城宮跡
近鉄奈良駅
円成寺
柳生
唐招提寺
薬師寺
JR奈良駅
奈良公園
郡山城跡
近鉄生駒線
法隆寺
関西本線(大和路線)
西名阪自動車道
近鉄天理線
近鉄田原本線
近鉄橿原線
桜井線(万葉まほろば線)
大神神社
長谷寺
室生寺
近鉄大阪線
當麻寺
京奈和自動車道
初瀬
室生
當麻
近鉄御所線
飛鳥寺
近鉄吉野線
石舞台古墳

万葉の歌人も詠んだ古社寺を巡る

初瀬 はせ

➡P.127

初瀬街道沿いに「花の御寺」で知られる長谷寺をはじめ「菅原天神伝説」が残る與喜天満神社や長谷山口坐神社などの古社寺が点在する。古い街並みの門前町には老舗の名店も。

四季の花が咲き誇る長谷寺

アクセス 長谷寺駅まで、近鉄奈良駅から近鉄で約1時間5分。またはJR奈良駅からJRと近鉄で約50分

緑深い龍神の山中に咲く平安の安らぎ

室生 むろう

➡P.130

古くから崇められてきた龍神信仰の山に「女人高野」として知られる室生寺や、しだれ桜が見事な大野寺といった古刹が彩りを添える。ぜひ歩きやすい靴で出かけたい。

国宝の室生寺・五重塔

アクセス 室生口大野駅まで、近鉄奈良駅から近鉄で約1時間10分。またはJR奈良駅からJRと近鉄で約1時間

のどかな山里風景が楽しめる野仏の里

当尾 とうの

➡P.132

奈良県と境を接する京都府木津川市加茂町にあり、野仏の里として岩船寺や浄瑠璃寺の名刹を結ぶ石仏散策コースが人気。

アジサイの名所としても知られる岩船寺

アクセス 浄瑠璃寺へは近鉄奈良駅／JR奈良駅からバスで約30分。岩船寺へはJR加茂駅からバスで約20分

剣豪の伝説を伝える柳生一族の里

柳生 やぎゅう

➡P.133

剣豪・柳生十兵衛を生んだ柳生の里には、柳生藩ゆかりの史跡が点在し、剣豪たちが歩いた柳生街道も昔の面影をとどめる。

豪壮な石垣をめぐらす旧柳生藩家老屋敷

アクセス 近鉄奈良駅／JR奈良駅から奈良交通バス・柳生方面行きで約50分、柳生下車

二上山が見守る花と神話と伝説の里

當麻 たいま

➡P.134

大阪府と境を接する葛城市にあり、二上山の麓の當麻寺や石光寺は中将姫ゆかりの寺で、ボタンの名所としても知られる。

ボタンの名所でもある當麻寺中之坊

アクセス 橿原神宮前駅から近鉄南大阪線で当麻寺駅まで約13分、二上神社口駅まで約15分

四季折々の花々が咲き誇る長谷寺の門前町
初瀬（はせ）

万葉の時代から「隠国」の枕詞で数多く詠まれてきた。
枕詞さながらに四季の花々に埋もれるように建つ
長谷寺と門前町の風情が今も人々を惹きつける。

約200mにわたって399段の石段が続く長谷寺の登廊。上・中・下の三廊からなる。春には脇にボタンの花が一斉に咲き、花の回廊となる

谷間に咲く「花の御寺」長谷寺とゆかしき古社の里

初瀬山（はつせやま）や巻向山（まきむくやま）、天神山（てんじんやま）（与喜山（よきやま））などの山々に囲まれ、その裾野を初瀬川（はせがわ）が走る。まるで長い谷のようなので「長谷」とも。春の桜やボタン、夏のアジサイなど「花の御寺」として有名な長谷寺は「隠国（こもりく）」にふさわしく山中に建ち、咲き誇る四季の花々とともに眼下の門前町をやさしく見守る。そこは奈良時代から続く観音信仰の聖地で、『源氏物語』の玉鬘（たまかずら）の帖でも重要な舞台として登場する。参道にあたる初瀬街道は伊勢に続き、近くには「菅原天神伝説（すがわらてんじんでんせつ）」が残る與喜天満（よきてんまん）神社や長谷山口坐（はせやまぐちにいます）神社などの古社が鎮座する。

四季の花を楽しめる長谷寺。初夏には約3000株ものアジサイが境内に彩りを添える

ACCESS

近鉄奈良駅から近鉄奈良線・近鉄橿原線・近鉄大阪線を利用し、長谷寺駅まで約1時間5分。またはJR奈良駅からJR桜井線（万葉まほろば線）・近鉄大阪線を利用し、長谷寺駅まで約50分（桜井駅で乗り換え）

周辺図 付録P.2-3
0 200m
1:15,000
N
素盞雄神社
P.129 與喜天満神社
P.27/P.87/P.128 長谷寺
大和屋
本坊
総本舗白酒屋
田中屋
吉野館
総本家寿屋
法起院 P.129
桜井市
井谷屋
長谷寺温泉
初瀬
大和川（初瀬川）
初瀬局
万福寺
初瀬街道
与喜浦
165
吉隠川
P.129 長谷山口坐神社
初瀬
長谷寺参道口
近鉄大阪線
室生口大野駅
長谷寺駅
桜井駅

春のしだれ桜、秋の紅葉、冬の雪ボタンなど四季折々の風情が楽しめる「花の御寺」

王朝文学に詠まれた花の御寺
全国の長谷観音の根本地で観音の聖地

長谷寺

はせでら

朱鳥元年(686)、天武天皇の病気平癒ため道明上人が銅板法華説相図(国宝)を建立したのが起源。天平5年(733)に徳道上人が中心となり、十一面観世音菩薩立像を開眼し、翌々年に本堂を落慶。以来、観音信仰の霊場として「初瀬詣で」が盛んになり『枕草子』や『源氏物語』にも登場する。西国三十三観音霊場第8番札所。ボタンをはじめ四季の花々も見事。

MAP 本書P.127 A-1

☎0744-47-7001 所桜井市初瀬731-1
開4~9月8:30~17:00 3・10・11月9:00~17:00 12~2月9:00~16:30 ※ぼたんまつり期間などは延長あり
休無休 料500円 交近鉄・長谷寺駅から徒歩15分
P70台(有料)

十一面観世音菩薩立像の詳細は➡P.87

初瀬山の中腹に建つ国宝の本堂に十一面観世音菩薩立像を安置する。外舞台からの眺望は絶景

昭和29年(1954)に建立された日本の戦後初めての五重塔。近くには落雷で焼失した三重塔の跡地がある

399もの石段が連なる登廊には「初瀬型」と呼ばれる灯籠が下がる。冬と春はボタンが見もの

国の天然記念物の與喜山中腹に鎮座する。菅原道真を祀るほか天照大神ゆかりの磐座も

天照大神の初降臨伝説が残る
日本最古とされる天神社

與喜天満神社

よきてんまんじんじゃ

由緒では天慶9年(946)、菅原道真の神霊が祖先の出身地であるこの地の地主神を譲り受け、天暦2年(948)に神社が造営された。以来「良き山=與喜山」となったという。鎌倉時代の木造天神坐像(重文)を収める。また、天照大神が初めて降臨した地とも信じられ、パワースポットとして人気。

初瀬川を渡って石段の参道を上がっていく

MAP 本書P.127 B-1
☎0744-55-2300 所桜井市初瀬14
開休料境内自由 交近鉄・長谷寺駅から徒歩20分 Pなし

太古から鎮座する元伊勢の伝承地
古代古文書にも記述が残る由緒ある神社

長谷山口坐神社

はせやまぐちにいますじんじゃ

長谷山の鎮の神として弥生時代〜古墳時代より大山祇神を祀る。垂仁天皇の時代、この地に約8年間天照大神を祀った際の随神として天手力雄神を祀り、初瀬平田に祀られていた豊受姫神を明治に入って合祀した。初瀬川に架かる朱塗りの橋や石段の参道など、いにしえの情緒がある。

MAP 本書P.127 A-2
☎0744-42-9111
(桜井市観光まちづくり課)
所桜井市初瀬4593
開休料境内自由
交近鉄・長谷寺駅から徒歩10分 Pなし

本殿手前の拝殿。中世には天手力雄明神講が起こり、地域の字名も手力雄になった

長谷寺参道の人気店はココ

明治8年(1875)創業の総本舗白酒屋は天然よもぎを練りこんだ「くさ福餅」や三年ものの奈良漬で人気。総本家寿屋の名物は桜の塩漬け入りの「花ようかん」。料理旅館の田中屋では金ごまと吉野葛を使った胡麻豆腐をぜひ。約30年前に長谷寺の依頼で作り始めて評判になった。持ち帰り用も販売している。

長谷寺創立の徳道上人の寺で
西国三十三観音霊場番外札所

法起院

ほうきいん

長谷寺の創建に尽くし、西国三十三所巡礼を開いた徳道上人が晩年隠棲した地。天平7年(735)の開基だが元禄8年(1695)に長谷寺の僧によって再建。本尊は徳道上人像で上人の自作と伝えられる。境内には、触れると願いが叶うといわれる「上人沓脱ぎ石」や葉書の木などもある。

MAP 本書P.127 B-1
☎0744-47-8032
所桜井市初瀬776
開8:30〜17:00
12月1日〜3月19日9:00〜16:30
休無休 料無料
交近鉄・長谷寺駅から徒歩15分
P6台

総本山長谷寺塔頭開山堂として江戸時代に再建された

本堂軒下には長谷寺の登廊と同じ灯籠が見られる

初瀬

凛とした空気をまといながら、深山の古社寺を歩く
室生 むろう

古くからの里山の景観を楽しめる。室生寺を起点として、龍穴神社や室生山上公園芸術の森へ向かう。

幽谷の里山を彩る古寺と花々 龍神伝説や密教の至宝にふれる

太古の火山活動による断崖絶壁や岩窟が多く、室生山は古代から神山として崇められていた。朝霧が立つ光景は幽玄そのもの。龍神が住むとされる龍穴神社や「女人高野(にょにんこうや)」で知られる室生寺も、その山中に建てられている。美しい五重塔が建つ室生寺は春のシャクナゲ、秋の紅葉、冬の雪景色など四季の風情にも魅了される。また、この地方はしだれ桜も有名で、春に樹齢300年の小糸しだれ桜が咲く大野寺ほか隠れた名所が点在。

ACCESS

近鉄奈良駅から近鉄奈良線・近鉄橿原線・近鉄大阪線を利用し、室生口大野駅まで約1時間10分。またはJR奈良駅からJR桜井線(万葉まほろば線)・近鉄大阪線を利用し、室生口大野駅まで約1時間(桜井駅で乗り換え)

花と丹塗りの伽藍に包まれて 平安の美仏が微笑む女人高野

室生寺
むろうじ

奈良時代末期に興福寺の僧侶5人が山部親王(やまべのしんのう)(のちの桓武(かんむ)天皇)の病気平癒をこの地で祈願、その後勅命により寺が建造された。しだいに密教色を強めるが、女性の参拝を許したことから「女人高野(にょにんこうや)」とも。都から遠い山中にあるため焼き討ちを逃れ、結果的に仏教美術の宝庫となった。国宝・五重塔は屋外に建つものでは日本最小。春はシャクナゲに彩られる。

MAP 本書P.131 B-2

☎0745-93-2003 所宇陀市室生78
営8:30～17:00(状況により変動あり)
休無休
料600円
交奈良交通バス・室生寺下車、徒歩3分
P100台(有料)

石段の上に建つ五重塔は高さ約16m。1998年に台風で被害を受けたが2年後に蘇った

平安初期建立の金堂(国宝)は柿葺き。中尊釈迦如来立像(国宝)などを安置

本堂(国宝)は延慶元年(1308)建立。安置する本尊如意輪観音菩薩像(重文)は日本三如意輪のひとつ

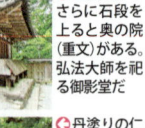

五重塔からさらに石段を上ると奥の院(重文)がある。弘法大師を祀る御影堂だ

丹塗りの仁王門の両脇には仁王像が立つ。この門をくぐるとパン字池がある

壮麗な国内最大級の弥勒磨崖仏や
見事なしだれ桜の室生寺の西の大門

大野寺

おおのじ

寺伝では白鳳期に役小角が開き、天長元年(824)に弘法大師が堂宇を建立した。室生寺の西の大門とも。対岸の後鳥羽上皇の勅願で線刻された弥勒磨崖仏(国の史跡)は、高さ13.8mと国内最大級。春は樹齢300年の古木を含む数十本のしだれ桜が美しい。

MAP 本書P.131 A-1

☎0745-92-2220 所宇陀市室生大野1680
開9:00～17:00(11～3月は～16:00) 休無休
料300円(4月は400円)
交近鉄・室生口大野駅から徒歩5分 P20台

↑本堂には「身代わり地蔵」と呼ばれる地蔵菩薩立像も

←磨崖仏は宇陀川を挟んで寺の対岸に立っている。像高は11.5m、光背を入れると13.8mにもなる

門前の老舗料理旅館・橋本屋

室生寺の門前にあり、創業明治4年(1871)。写真家・土門拳が愛した宿としても知られる。食事処としても利用でき、地元で採れた山菜を使った精進料理が人気。特に粘りの強いとろろ料理はおすすめ。

橋本屋

はしもとや

MAP 本書P.131 B-2

☎0745-93-2056
所宇陀市室生800
営10:00～16:00
休不定休
交奈良交通バス・室生寺下車、徒歩3分
P50台

奥の龍穴に龍神が住む
古代から崇められる神域

室生龍穴神社

むろうりゅうけつじんじゃ

室生寺より古く、雨乞いの神である高龗神を祀る。背後の渓谷には御神体の龍神が住むと伝わる妙吉祥龍穴がある。境内の「連理の杉」は夫婦円満や縁結びのご利益が。

↑境内には大木が多く、夫婦杉の「連理の杉」も

MAP 本書P.131 B-2

☎0745-82-2457(宇陀市観光課)
所宇陀市室生1297 開休料境内自由 交奈良交通バス・室生龍穴神社下車すぐ Pなし

自然とアートが調和する
五感で体感する野外美術館

室生山上公園芸術の森

むろうさんじょうこうえんげいじゅつのもり

室生寺より西の高台に造られた約8haの芸術空間。イスラエル人彫刻家ダニ・カラヴァンが手がけたモニュメントが室生の美しい自然と調和して不思議な景観をつくり出している。野外イベントも行われる。

↑古代信仰を継承した太陽のモニュメント

MAP 本書P.131 B-2

☎0745-93-4730 所宇陀市室生181
開10:00～17:00(3・11・12月は～16:00)
休火曜(祝日の場合は翌日)、12月29日～2月末日 料410円 交奈良交通バス・室生寺下車、徒歩20分 P105台

周辺図 付録P.2-3
0
500m
N
1:50,000
室生大野
名張駅
近鉄大阪線
165
宇陀川
室生口大野駅
桜井駅
大野寺
室生寺入口
大野寺 P.131
三輪神社
砥取
室生砥取
瀧谷川
室生瀧谷
三社ノ森
島ヶ谷トンネル
室生トンネル
宇陀市
東海自然歩道
室生川
深谷川
P.26/P.130
室生寺
室生寺
P.131 橋本屋
室生
室生龍穴神社
P.131
P.131
室生山上公園芸術の森
榛原荷阪
神社前
1
2
A
B

名刹と懐かしい日本の原風景を歩く石仏散策コース
当尾 とうの
岩船寺と浄瑠璃寺を結ぶ山道は約1.7km。
無数の石仏たちが行き交う人を見守ってくれる。

いにしえの修行僧が刻んだ さまざまな表情の石仏群

古くは奈良仏教の俗化を嫌った僧侶たちが草庵を結んだ地。岩船寺や浄瑠璃寺など、丘陵の尾根の間に多くの寺の仏塔が見えたことから「塔尾（とうの）」と称されたと伝わる。中世以降は念仏行者の霊地として、笑い仏やカラスの壺といった磨崖仏や石塔が刻まれ信仰の深さを物語っている。散策コース沿いの旬の農産物が並ぶ「吊り店」（露店）も当尾の名物。

ACCESS

浄瑠璃寺へはJR奈良駅／近鉄奈良駅から奈良交通バス・急行浄瑠璃寺行きで約30分、浄瑠璃寺下車すぐ。岩船寺へはJR加茂駅から木津川市コミュニティバス・加茂山の家行きで約20分、岩船寺下車すぐ

郊外へ

四季の花に美しく映える三重塔

鎌倉時代の石造物が残る アジサイの名所として知られる古刹

岩船寺
がんせんじ

天平元年（729）、聖武天皇の勅願で行基が開創したという古刹。鎌倉時代には39の坊舎が並び、寺僧が冷水浴に使った石風呂が山門前に残る。起伏に富んだ境内は約5000株のアジサイの名所で、小高い地に建つ朱塗りの三重塔が目を引く。本堂には本尊阿弥陀如来坐像や普賢菩薩騎象像などの重要文化財を安置する。

MAP 本書P.132 B
☎0774-76-3390
所 京都府木津川市加茂町岩船上ノ門43
開 8:30～17:00 12～2月9:00～16:00 休 無休
料 500円 交 木津川市コミュニティバス・岩船寺下車すぐ
P 周辺駐車場利用（有料）

貴重な寺宝が数多く残る

国宝の9体の阿弥陀如来が 導く極楽浄土の世界

浄瑠璃寺
じょうるりじ

「九体寺（くたいじ）」とも呼ばれ、平安時代に流行した九体阿弥陀堂の現存唯一の遺構とされる。本堂には9体の阿弥陀如来像が並ぶ（2018年7月～修理のため9体すべて揃うのは2023年末）。年3回開扉される秘仏の吉祥天立像も有名。池を中心とした浄土式庭園は、東の三重塔と西の本堂を相対させ、東方浄瑠璃世界と西方極楽浄土を表す。

9体の阿弥陀如来像を横一列に安置しているため、珍しい横に細長い本堂

MAP 本書P.132 A
☎0774-76-2390 所 京都府木津川市加茂町西小札場40 開 9:00～16:30 12～2月10:00～15:30
休 無休 料 400円（2024年4月～は500円）
交 木津川市コミュニティバス・浄瑠璃寺下車すぐ P 周辺駐車場利用（有料）

A
B
加茂町岩船
西畑口
加茂駅
47
加茂町北大門
京都府
木津川市
西畑
752
岩船寺
白山神社
岩船寺 P.132
木津川市街
加茂町南大門
加茂町東小下
東小
藪の中三体仏
東小田原随願寺跡
奈良市街
浄瑠璃寺
周辺図 付録P.2-3
0 200m
N
1:20,000
浄瑠璃寺 P.132
加茂町東小上

剣豪・柳生一族の歴史が息づく柳生新陰流の地

柳生 やぎゅう

小説、映画、ドラマなどで脚光を浴びてきた里。柳生石舟斎、宗矩、十兵衛の伝説も多彩。

歴史とロマンが交錯する豊かな自然が残る剣豪の里

奈良市街の北東、のびやかな農村風景が広がる山里に剣豪柳生一族の里がある。一族が眠る芳徳寺や旧柳生藩家老屋敷、柳生石舟斎の伝説が残る一刀石や十兵衛杉など、歴史と物語が交錯する。柳生の里と奈良の都をつなぐ柳生街道は、柳生道場を目指す剣士たちが往来した道。鬱蒼と生い茂る森の古道には多くの石仏が散見できる。

ACCESS

JR奈良駅／近鉄奈良駅から奈良交通バス・柳生方面行きで約50分、柳生下車。柳生が終点のバスのほかに邑地中村行きや石打行きもあるが、いずれも柳生を経由する

大河ドラマ『春の坂道』の構想地は柳生藩ゆかりの武家屋敷

旧柳生藩家老屋敷

きゅうやぎゅうはんかろうやしき

柳生藩の財政再建に尽力した家老・小山田主鈴の旧邸。昭和39年(1964)に作家・山岡荘八の所有となり、柳生を舞台にした『春の坂道』の構想はここで練られたという。

MAP 本書P.133 1

☎0742-94-0002(柳生観光協会)
所 奈良市柳生町155-1
開 9:00〜16:30
休 無休 料 350円
交 奈良交通バス・柳生下車、徒歩5分
P 20台・有料

↑柳生の里を見下ろすように建つ家老屋敷。白壁の長屋門が目を引く

神秘的なパワーを感じさせるまさに一刀両断！の一刀石

天石立神社

あまのいわたてじんじゃ

天石立神社の奥に、縦に真っ二つに割られた約7m四方の巨石があり、「一刀石」と呼ばれる。柳生石舟斎が天狗を相手に修行をしていたという伝説が残る。近年では、アニメの名場面を再現できるとして注目。

↑高さは2mを超える一刀石。石に残るくぼみは天狗の爪の痕とか

MAP 本書P.133 2

☎0742-94-0002(柳生観光協会)
所 奈良市柳生町
開 休 料 境内自由
交 奈良交通バス・柳生下車、徒歩30分
P なし

周辺図 付録P.2-3
0 250m
1:25,000
N
柳生小
柳生下町
中宮寺
十兵衛杉
柳生東
柳生局
1
柳生
柳生
369
奈良市街
旧柳生藩家老屋敷 P.133
興ヶ原町
芳徳寺 P.133
正木坂
八坂神社
奈良市
旧柳生藩陣屋跡
柳生花しょうぶ園
2
369
天石立神社 P.133
柳生町
山脇
正長元年柳生徳政碑
針IC

柳生十兵衛も眠る柳生の里が一望できる菩提寺

芳徳寺

ほうとくじ

柳生家の菩提寺。寛永15年(1638)柳生宗矩が柳生新陰流の創始者である父・柳生石舟斎の菩提を弔うために創建。境内裏には石舟斎、宗矩、十兵衛など柳生家一族の墓80基余りがある。

MAP 本書P.133 1

☎0742-94-0204
所 奈良市柳生下町445 開 9:00〜16:30
休 無休 料 200円 交 奈良交通バス・柳生下車、徒歩15分 P なし

↓本堂横の資料館では十兵衛がまとめた柳生新陰流の目録「月之抄」などを展示

二上山の落陽に極楽浄土を見た中将姫伝説の地

當麻 たいま

中将姫ゆかりの寺はボタンなど、四季折々の花に彩られ、一年を通して花の浄土に誘う。

神話と伝説が語り継がれる二上山山麓の花の寺へ

折口信夫の幻想的な小説『死者の書』の舞台となった當麻。中将姫伝説は能、浄瑠璃、歌舞伎に脚色され、二上山の麓に大伽藍を誇る當麻寺の當麻曼荼羅図は世に名高い。同寺の中之坊庭園は大和屈指の名園で、北方の石光寺とともにボタンの名所として知られる。また相撲の開祖とされる當麻蹶速が生まれた地で、葛城市相撲館「けはや座」がある。

ACCESS

近鉄奈良駅から近鉄奈良線・近鉄橿原線を利用し、橿原神宮前駅へ。橿原神宮前駅から近鉄南大阪線で当麻寺駅まで約13分、二上神社口駅まで約15分（いずれも尺土駅で急行から各停に乗り換えの場合）

極楽浄土に導く當麻曼荼羅と白鳳文化の宝庫

當麻寺

たいまでら

推古天皇20年（612）、聖徳太子の弟・麻呂古親王が創建。二上山を背後に東西2基の三重塔が立ち並ぶ伽藍配置など、白鳳・天平様式を残している。中将姫が西方極楽浄土を蓮糸で織ったと伝わる「當麻曼荼羅」を本尊とする。中之坊では中将姫を導いた「導き観音」が祀られ、約1200株のボタンが咲き誇る庭園「香藕園」も見どころ。

中将姫は藤原豊成の娘。継母にうとまれ當麻寺で出家し蓮の糸で曼荼羅を織り上げ極楽往生を遂げたという

本堂（曼荼羅堂）。當麻曼荼羅が巨大な厨子の中に収められ、源頼朝寄進の須弥壇上に安置されている

MAP 本書P.134 2

☎0745-48-2001（中之坊）／0745-48-2008（奥院）　所葛城市當麻1263
開9:00～16:30　休無休
料本堂・金堂・講堂500円、各塔頭（西南院・護念院・奥院）は別料金、中之坊庭園・霊宝館500円（特別公開時は別料金）
交近鉄・当麻寺駅から徒歩15分　Pなし

中将姫伝説を伝える寒ボタンと弥勒石仏の寺

石光寺

せっこうじ

天智天皇の勅願により役小角が開山。1991年に白鳳時代の弥勒石仏が発掘され話題を呼んだ。中将姫が蓮糸を五色に染めた染めの井や糸を乾かした糸掛桜があるため染寺とも呼ばれる。境内一面花の庭になっており、約2000株のボタンは圧巻。藁帽子をかぶった寒ボタンは11月下旬～12月中旬が見頃。

MAP 本書P.134 1

☎0745-48-2031　所葛城市染野387
開9:00～16:30　休12月31日
料400円　交近鉄・二上神社口駅から徒歩15分　P30台

ボタンのほか梅、シャクヤク、サルスベリなど花の絶えることがない

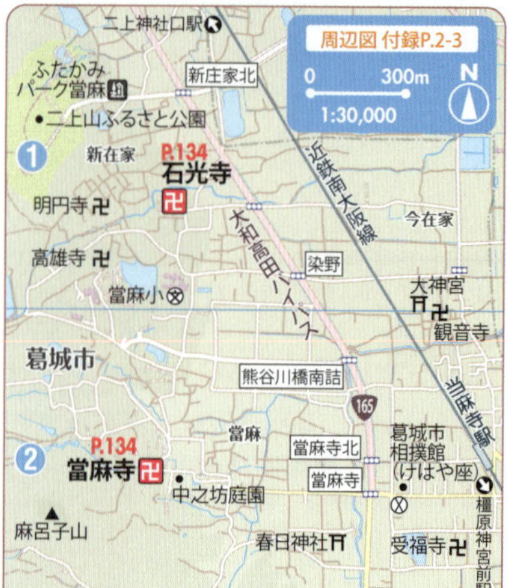
周辺図 付録P.2-3
0
300m
1:30,000
N
二上神社口駅
ふたかみパーク當麻
新庄家北
二上山ふるさと公園
1
新在家
P.134
石光寺
明円寺
今在家
高雄寺
大和高田バイパス
近鉄南大阪線
染野
當麻小
大神宮
観音寺
葛城市
熊谷川橋南詰
165
当麻寺駅
當麻
葛城市相撲館（けはや座）
2
P.134
當麻寺
當麻寺北
當麻寺
中之坊庭園
麻呂子山
春日神社
受福寺
橿原神宮前駅

アクセスと交通

奈良市内や
広大な大和路を
自在に巡る
ために

奈良は山に囲まれた盆地。
新幹線の駅や空港はないが、
県内は鉄道とバスの路線網が充実。
現地へのアクセス方法を検討し、
目的地を効率よくまわる計画を練りたい。

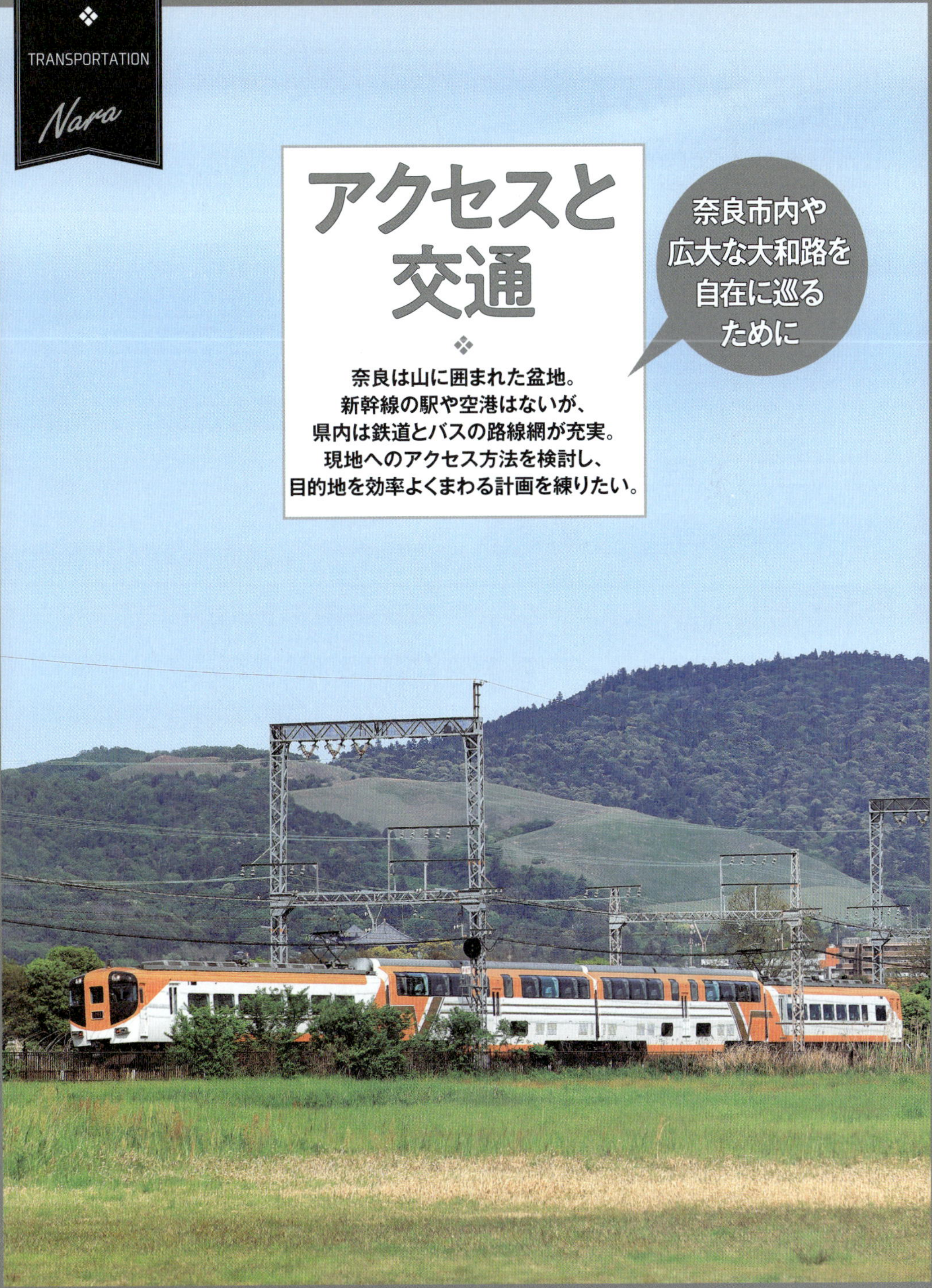

新幹線なら京都、飛行機なら大阪を経由して向かうのが基本

奈良へのアクセス

新幹線を利用するならまずは京都駅まで乗車し、そこからJRの在来線や近鉄などで奈良へ。飛行機の場合は伊丹空港または関西国際空港から、奈良行きのリムジンバスの利用が便利。

新幹線・鉄道

京都駅からJR在来線か近鉄で奈良へ

奈良駅へは、新幹線で京都駅まで移動してからJR在来線か近鉄に乗り換えて向かうのが一般的。大阪や神戸など関西圏からなら、京都を経由せずに直接アクセスすることもできる。

東北方面から

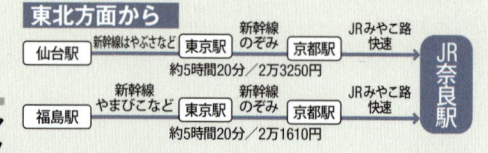

仙台駅 → 新幹線はやぶさなど → 東京駅 → 新幹線のぞみ → 京都駅 → JRみやこ路快速 → JR奈良駅
約5時間20分／2万3250円

福島駅 → 新幹線やまびこなど → 東京駅 → 新幹線のぞみ → 京都駅 → JRみやこ路快速 → JR奈良駅
約5時間20分／2万1610円

関東方面から

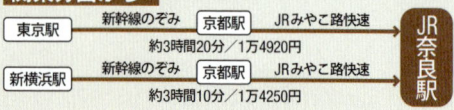

東京駅 → 新幹線のぞみ → 京都駅 → JRみやこ路快速 → JR奈良駅
約3時間20分／1万4920円

新横浜駅 → 新幹線のぞみ → 京都駅 → JRみやこ路快速 → JR奈良駅
約3時間10分／1万4250円

中部方面から

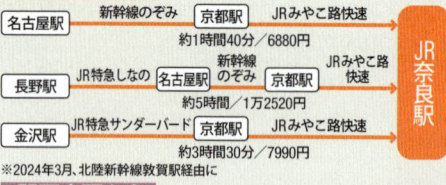

名古屋駅 → 新幹線のぞみ → 京都駅 → JRみやこ路快速 → JR奈良駅
約1時間40分／6880円

長野駅 → JR特急しなの → 名古屋駅 → 新幹線のぞみ → 京都駅 → JRみやこ路快速 → JR奈良駅
約5時間／1万2520円

金沢駅 → JR特急サンダーバード → 京都駅 → JRみやこ路快速 → JR奈良駅
約3時間30分／7990円

※2024年3月、北陸新幹線敦賀駅経由に

関西方面から

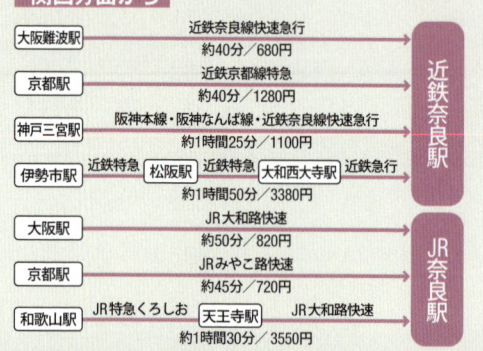

大阪難波駅 → 近鉄奈良線快速急行 → 近鉄奈良駅
約40分／680円

京都駅 → 近鉄京都線特急 → 近鉄奈良駅
約40分／1280円

神戸三宮駅 → 阪神本線・阪神なんば線・近鉄奈良線快速急行 → 近鉄奈良駅
約1時間25分／1100円

伊勢市駅 → 近鉄特急 → 松阪駅 → 近鉄特急 → 大和西大寺駅 → 近鉄急行 → 近鉄奈良駅
約1時間50分／3380円

大阪駅 → JR大和路快速 → JR奈良駅
約50分／820円

京都駅 → JRみやこ路快速 → JR奈良駅
約45分／720円

和歌山駅 → JR特急くろしお → 天王寺駅 → JR大和路快速 → JR奈良駅
約1時間30分／3550円

四国・中国方面から

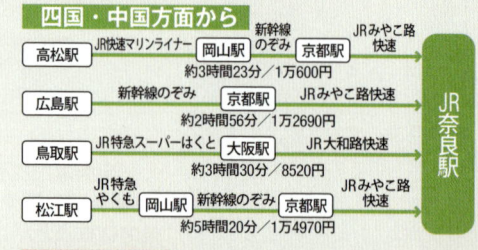

高松駅 → JR快速マリンライナー → 岡山駅 → 新幹線のぞみ → 京都駅 → JRみやこ路快速 → JR奈良駅
約3時間23分／1万600円

広島駅 → 新幹線のぞみ → 京都駅 → JRみやこ路快速 → JR奈良駅
約2時間56分／1万2690円

鳥取駅 → JR特急スーパーはくと → 大阪駅 → JR大和路快速 → JR奈良駅
約3時間30分／8520円

松江駅 → JR特急やくも → 岡山駅 → 新幹線のぞみ → 京都駅 → JRみやこ路快速 → JR奈良駅
約5時間20分／1万4970円

九州方面から

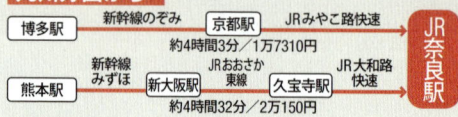

博多駅 → 新幹線のぞみ → 京都駅 → JRみやこ路快速 → JR奈良駅
約4時間3分／1万7310円

熊本駅 → 新幹線みずほ → 新大阪駅 → JRおおさか東線 → 久宝寺駅 → JR大和路快速 → JR奈良駅
約4時間32分／2万150円

問い合わせ先

JR西日本お客様センター☎0570-00-2486
JR東日本お問い合わせセンター☎050-2016-1600
JR東海テレフォンセンター☎050-3772-3910
JR四国電話案内センター☎0570-00-4592
JR九州案内センター☎0570-04-1717
近畿日本鉄道 近鉄奈良駅☎0742-26-6355

お得な割引プラン・きっぷに注目

●ぷらっとこだま
JR東海ツアーズのネット予約で新幹線こだま普通列車(指定席かグリーン席)を予約すると、お得な割引料金で購入できる。1ドリンク引換券付き。
JR東海ツアーズ www.jrtours.co.jp

●近鉄週末フリーパス
京都、大阪、奈良、伊勢志摩、名古屋をつなぐ近鉄全線が3日間乗り放題のフリー乗車券(ケーブル線を含む)と葛城山ロープウェイ50%割引券がセットになった乗車券。土日を含む乗車開始日から連続3日間有効。近鉄主要駅(特急券発売駅の窓口・特急券等自動発売機)および近畿日本ツーリストグループの主要支店・営業所などで販売。大人4400円、子供2200円。乗車日の1カ月前から発売するが、前売りのみ取り扱う。
近鉄電車テレフォンセンター
☎050-3536-3957(8:00～21:00／年中無休)

※特急料金が含まれる場合、指定席の料金で計算しています。

飛行機でのアクセス

遠方からは大阪の2空港を活用したい

北海道、沖縄をはじめとした遠方や、鉄道の便が悪い地域から出発する場合は飛行機で。玄関口になるのは大阪にある伊丹空港か、関西国際空港(関空)。関空には、LCC(格安航空会社)も就航している。時期によって差はあるが、かなりお得な料金で利用できることもある。各空港からJR奈良駅・近鉄奈良駅までは、直通のリムジンバスが出ている(関空からは南海電鉄を利用し、なんば駅/大阪難波駅で近鉄へ乗り換えて、近鉄奈良駅にアクセスも可能)。リムジンバスは先着順での案内。空港の券売機や窓口で乗車券を購入する。

出発地	到着地	便名	便数	所要時間	料金
新千歳空港	伊丹	ANA / JAL	10便/日	1時間55分	4万8400円〜
	関空	ANA / JAL / APJ / JJP	13便/日	2時間15分	4万8400円〜(APJ=5690円〜、JJP=5610円〜)
青森空港	伊丹	ANA / JAL	7便/日	1時間45分	4万2900円〜
秋田空港	伊丹	ANA / JAL	6便/日	1時間30分	3万8610円〜
仙台空港	伊丹	ANA / JAL / IBX	15便/日	1時間15分	3万6190円〜 (IBX=3万8800円)
	関空	APJ	3便/日	1時間35分	5590円〜
成田空港	伊丹	ANA / JAL	2便/日	1時間25分	2万6400円〜
	関空	APJ / JJP	7便/日	1時間50分	APJ=3990円〜、JJP=3980円〜
羽田空港	伊丹	ANA / JAL	30便/日	1時間10分	2万6400円〜
	関空	ANA / JAL / SFJ	12便/日	1時間25分	2万6400円〜 (SFJ=2万5400円〜)
新潟空港	伊丹	ANA / JAL / IBX	10便/日	1時間5分	3万3770円〜 (IBX=3万6200円〜)
	関空	APJ	1便/日	1時間30分	4490円〜
高知龍馬空港	伊丹	ANA	6便/日	45分	1万9900円〜
松山空港	伊丹	ANA / JAL	11便/日	55分	1万9800円〜
福岡空港	伊丹	ANA / JAL / IBX	11便/日	1時間15分	2万5740円〜 (IBX=2万7400円〜)
	関空	APJ	4便/日	1時間20分	4690円〜
長崎空港	伊丹	ANA / JAL	8便/日	1時間20分	3万30円〜
	関空	APJ	1便/日	1時間20分	4590円〜
宮崎空港	伊丹	ANA / JAL	11便/日	1時間10分	2万7500円〜
	関空	APJ	1便/日	1時間10分	5090円〜
鹿児島空港	伊丹	ANA / JAL / IBX	13便/日	1時間15分	3万1350円〜 (IBX=3万3500円〜)
	関空	APJ	3便/日	1時間15分	4590円〜
那覇空港	伊丹	ANA / JAL	5便/日	2時間5分	4万150円〜
	関空	ANA / JTA / APJ / JJP	12便/日	2時間5分	4万150円〜 (APJ=5490円〜、JJP=5410円〜)

各空港からのアクセス

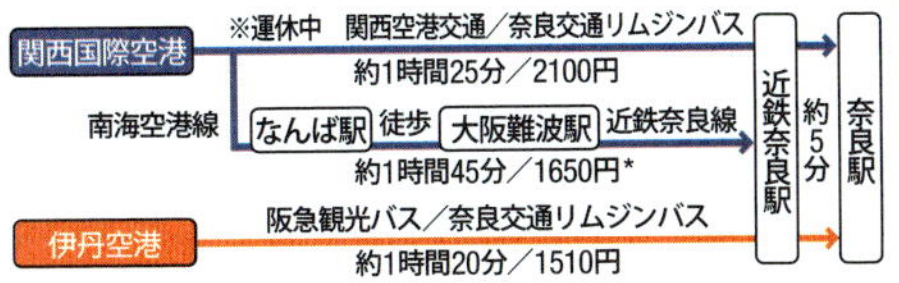

関西国際空港
※運休中 関西空港交通/奈良交通リムジンバス
約1時間25分/2100円
南海空港線
なんば駅
徒歩
大阪難波駅
近鉄奈良線
約1時間45分/1650円*
伊丹空港
阪急観光バス/奈良交通リムジンバス
約1時間20分/1510円
近鉄奈良駅
約5分
奈良駅

問い合わせ先

ANA(全日空)☎0570-029-222
JAL(日本航空)/JTA(日本トランスオーシャン航空)☎0570-025-071
JJP(ジェットスター・ジャパン)☎0570-550-538
IBX(IBEXエアラインズ)☎0570-057-489
SFJ(スターフライヤー)☎0570-07-3200
APJ(ピーチ・アビエーション)☎0570-001-292
関西空港交通☎072-461-1374 阪急観光バス☎06-6844-1124
奈良交通総合予約センター☎0742-22-5110
南海テレホンセンター☎06-6643-1005

高速バスでのアクセス

交通費を節約したい人向け

運賃が割安。夜行バスなら寝ている間に移動し、早朝に到着して観光を始められるので、時間を有効に使える。奈良直行便は多くないが、京都便と鉄道を併用する方法もある。

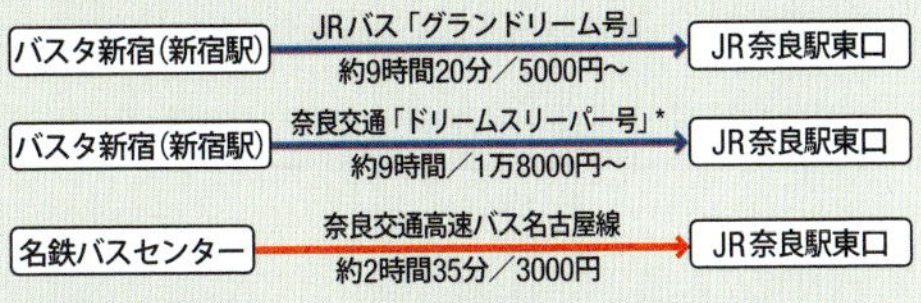

バスタ新宿(新宿駅)
JRバス「グランドリーム号」
約9時間20分/5000円〜
JR奈良駅東口
バスタ新宿(新宿駅)
奈良交通「ドリームスリーパー号」*
約9時間/1万8000円〜
JR奈良駅東口
名鉄バスセンター
奈良交通高速バス名古屋線
約2時間35分/3000円
JR奈良駅東口

※運賃は片道の金額です ※矢印は青が夜行便、赤が昼行便を示しています
＊運行日限定(要確認)

問い合わせ先

奈良交通総合予約センター☎0742-22-5110
西日本JRバス☎0570-00-2424

※情報は2023年10月現在のものです。料金や便数は季節により変動する場合があります。おでかけ前にWebサイトなどでご確認ください。

観光エリアが点在している奈良では、効率のよい移動がスムーズな旅のカギ

奈良の県内交通

奈良県内で主に利用する交通機関は、近鉄、JRの両鉄道と、奈良交通が運行するバス。一部を除き全国の交通系ICカードも利用できる。お得なチケットもうまく活用したい。

電車

近鉄とJRをうまく併用してエリア間を移動

奈良公園周辺には近鉄奈良駅とJR奈良駅があるが、両駅は離れているので注意。ここから他エリアへ向かう場合も、どちらに乗ればいいのかしっかり確認しておきたい。西の京、大和郡山、橿原・今井町、飛鳥、吉野方面へは近鉄、斑鳩、山の辺の道(天理、三輪)方面へはJRが便利。初瀬、室生へはJRで桜井駅まで行き、近鉄に乗り換えると速い。なお、近鉄では特急も運行しているが、乗車する場合は乗車券とは別に特急券が必要になる。吉野へは特急を利用すると速いが、それ以外の県内移動は特急以外の列車だけでも不便はない。

奈良観光に便利なチケット

①奈良世界遺産フリーきっぷ

近鉄主要駅からフリー区間までの往復乗車券と、フリー区間内の近鉄と奈良交通バスの乗り放題がセット。奈良・斑鳩コースと、奈良・斑鳩・吉野コースがある。

価格:【奈良・斑鳩1日コース】大阪難波駅から1660円、京都駅から1660円【奈良・斑鳩2日コース】大阪難波駅から2030円、京都駅から2030円、近鉄名古屋駅から4610円【奈良・斑鳩・吉野コース ※3日間有効】大阪難波駅から3050円、京都駅から3050円、近鉄名古屋駅から5060円

発売場所:近鉄主要駅の窓口や旅行代理店の主要支店など

②奈良・斑鳩1DAYチケット

関西の私鉄・地下鉄各線の指定区間と、近鉄・奈良交通バスの指定区間が乗り放題になる、県外客を対象としたチケット。近鉄や奈良交通バスでは販売していないので注意。

価格:阪急から2350円、阪神から2000円、大阪メトロから2100円、京都市営地下鉄から2100円 など

有効期限:1日　発売場所:私鉄・地下鉄各線の主要駅

③古代ロマン 飛鳥 日帰りきっぷ

関西の私鉄数社の指定区間と、近鉄・大和八木駅～壺阪山駅／桜井駅間が1日乗り降り自由。さらに飛鳥エリアの奈良交通バス片道乗車券など、用途を選べるお得なチケット2枚付き。価格:阪神から2000円、近鉄沿線から1700円、山陽沿線(全線)から3000円 など　有効期限:1日　発売場所:阪神・山陽・近鉄各線の主要駅

電車・路線バス 問い合わせ先

近鉄電車テレフォンセンター ☎050-3536-3957
JR西日本お客様センター ☎0570-00-2486
奈良交通お客様サービスセンター ☎0742-20-3100

路線バス

奈良交通の主要路線を把握したい

自治体のコミュニティバスを除き、県内のバス運行をほぼ一手に担うのが奈良交通。斑鳩方面で利用することがあるエヌシーバスも奈良交通のグループ会社だ。観光客が利用しやすいのは、奈良公園・平城宮跡周辺を循環する観光バスの「ぐるっとバス」(系統なし、土・日曜、祝日中心の運行)、JR・近鉄奈良駅や奈良公園周辺をまわる「市内循環」(系統内回り1、外回り2)、西の京や斑鳩へ向かう「奈良・西の京・斑鳩回遊ライン」(系統97)など。飛鳥では明日香周遊バス(赤かめバス)が、飛鳥の主要観光スポットを巡りながら、飛鳥駅と橿原神宮前駅を結んでいる。1日乗車券をうまく活用したい。

タクシー

数人グループでの移動に有効

初乗りは普通車680円～。グループで利用すればバスより割安になる場合もある。近鉄奈良駅からの料金目安は、春日大社まで約1000円、薬師寺まで約2500円、法隆寺まで約6100円。奈良市内の主なタクシー会社は以下。

奈良近鉄タクシー ☎0742-61-5501　カイナラタクシー ☎0742-22-7171
服部タクシー ☎0742-50-5521　ひまわりタクシー ☎0742-23-0833

定期観光バス

ガイド付きのバスツアーで観光名所を巡る

観光スポットの入場料がセットになったバスツアー。「奈良公園3名所と若草山」コース所要約4時間20分5300円、「法隆寺・西ノ京」コース所要約7時間9000円(見学先の公開期間により変動あり)など。奈良大和四寺巡礼などの季節限定コースもある。

奈良交通総合予約センター ☎0742-22-5110

レンタサイクル

観光スポット間の景色や風情も楽しめる

自転車で巡るのが定番になっている飛鳥のほか、奈良市内や斑鳩でも利用価値は高い(主なレンタサイクル店はP.14)。

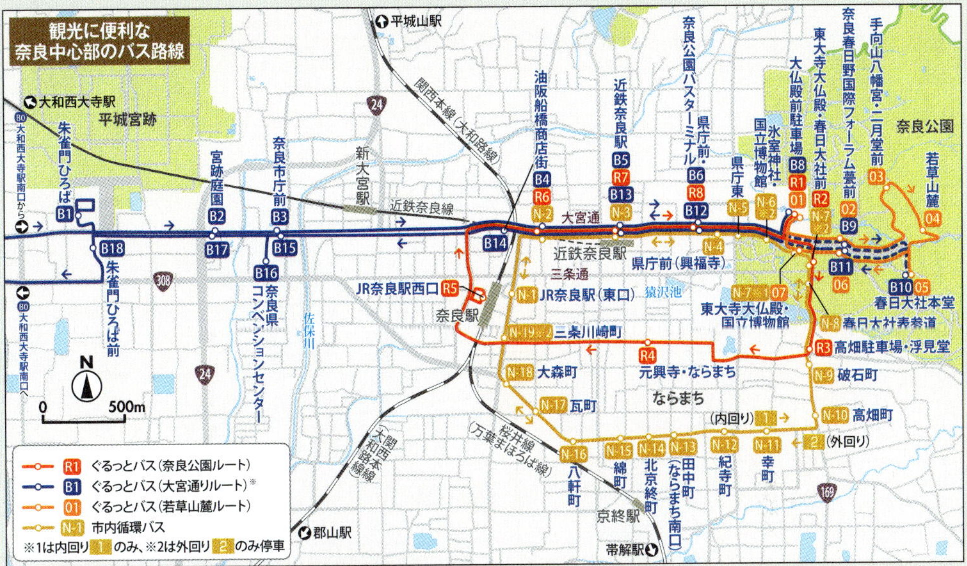
観光に便利な
奈良中心部のバス路線
平城山駅
大和西大寺駅
平城宮跡
B0 大和西大寺駅南口から
朱雀門ひろば
B1
宮跡庭園
B2
奈良市庁前
B3
B18
朱雀門ひろば前
B17
B15
B16
奈良県コンベンションセンター
B0 大和西大寺駅南口へ
関西本線(大和路線)
新大宮駅
近鉄奈良線
油阪船橋商店街
B4
R6
N-2
大宮通
近鉄奈良駅
B5
R7
B13
N-3
奈良公園バスターミナル
B6
R8
B12
県庁前・
県庁東
N-5
氷室神社・国立博物館
N-6
大仏殿前駐車場
B8
R1
01
東大寺大仏殿・春日大社前
R2
N-7
奈良春日野国際フォーラム甍前
02
B9
手向山八幡宮・二月堂前
03
奈良公園
若草山麓
04
B14
近鉄奈良駅
県庁前(興福寺)
N-4
三条通
JR奈良駅西口
R5
N-1
JR奈良駅(東口)
猿沢池
B11
06
B10
05
春日大社本堂
奈良駅
佐保川
N-7
07
東大寺大仏殿・国立博物館
N-8
春日大社表参道
N-19
三条川崎町
R3
高畑駐車場・浮見堂
R4
元興寺・ならまち
N-18
大森町
N-9
破石町
ならまち
N-17
瓦町
(内回り)
1
N-10
高畑町
2
(外回り)
桜井線(万葉まほろば線)
関西本線(大和路線)
N-16
八軒町
N-15
緑町
N-14
北京終町
N-13
田中町(ならまち南口)
N-12
紀寺町
N-11
幸町
京終駅
帯解駅
郡山駅
0 500m
R1 ぐるっとバス(奈良公園ルート)
B1 ぐるっとバス(大宮通りルート)※
01 ぐるっとバス(若草山麓ルート)
N-1 市内循環バス
※1は内回り 1 のみ、※2は外回り 2 のみ停車

※大宮通りルート:ハイシーズンの土・日・祝日は B8 大仏殿前駐車場で折り返し

●主要観光地間アクセス早見表

目的地／現在地	奈良公園周辺 近鉄奈良駅 JR奈良駅	西の京 西ノ京駅	斑鳩 法隆寺前バス停	山の辺の道 天理駅	橿原 橿原神宮前駅	飛鳥 飛鳥駅	吉野 吉野駅
奈良公園周辺 近鉄奈良駅 JR奈良駅		近鉄奈良線→大和西大寺駅→近鉄橿原線 (15分／300円)	JR関西本線(大和路線)→法隆寺駅→法隆寺駅バス停→エヌシーバス (20分／420円)	JR桜井線(万葉まほろば線) (15分／210円)	近鉄奈良線→大和西大寺駅→近鉄橿原線 (50分／590円)	近鉄奈良線→大和西大寺駅→近鉄橿原線→橿原神宮前駅→近鉄吉野線 (1時間10分／700円)	近鉄奈良線→大和西大寺駅→近鉄橿原線→橿原神宮前駅→近鉄吉野線 (2時間10分／1030円)
西の京 西ノ京駅	近鉄橿原線→大和西大寺駅→近鉄奈良線 (15分／300円)		徒歩→薬師寺駐車場バス停→奈良交通バス (40分／570円)	近鉄橿原線→平端駅→近鉄天理線 (20分／360円)	近鉄橿原線 (30分／490円)	近鉄橿原線→橿原神宮前駅→近鉄吉野線 (40分／550円)	近鉄橿原線→橿原神宮前駅→近鉄吉野線 (1時間30分／940円)
斑鳩 法隆寺前バス停	エヌシーバス→法隆寺駅バス停→法隆寺駅→JR関西本線(大和路線) (20分／420円)	奈良交通バス→薬師寺駐車場バス停→徒歩 (40分／570円)		奈良交通バス→筒井駅バス停→筒井駅→近鉄橿原線→平端駅→近鉄天理線 (40分／550円)	奈良交通バス→筒井駅バス停→筒井駅→近鉄橿原線 (45分／740円)	奈良交通バス→筒井駅バス停→筒井駅→近鉄橿原線→橿原神宮前駅→近鉄吉野線 (1時間10分／760円)	奈良交通バス→筒井駅バス停→筒井駅→近鉄橿原線→橿原神宮前駅→近鉄吉野線 (2時間／1170円)
山の辺の道 天理駅	JR桜井線(万葉まほろば線) (15分／210円)	近鉄天理線→平端駅→近鉄橿原線 (20分／360円)	近鉄天理線→平端駅→近鉄橿原線→筒井駅→筒井駅バス停→奈良交通バス (40分／550円)		近鉄天理線→平端駅→近鉄橿原線 (40分／490円)	近鉄天理線→平端駅→近鉄橿原線→橿原神宮前駅→近鉄吉野線 (45分／510円)	近鉄天理線→平端駅→近鉄橿原線→橿原神宮前駅→近鉄吉野線 (1時間30分／860円)
橿原 橿原神宮前駅	近鉄橿原線→大和西大寺駅→近鉄奈良線 (50分／590円)	近鉄橿原線 (30分／490円)	近鉄橿原線→筒井駅→筒井駅バス停→奈良交通バス (40分／740円)	近鉄橿原線→平端駅→近鉄天理線 (40分／490円)		近鉄吉野線 (4分／200円)	近鉄吉野線 (55分／560円)
飛鳥 飛鳥駅	近鉄吉野線→橿原神宮前駅→近鉄橿原線→大和西大寺駅→近鉄奈良線 (1時間10分／700円)	近鉄吉野線→橿原神宮前駅→近鉄橿原線 (40分／550円)	近鉄吉野線→橿原神宮前駅→近鉄橿原線→筒井駅→筒井駅バス停→奈良交通バス (1時間／760円)	近鉄吉野線→橿原神宮前駅→近鉄橿原線→平端駅→近鉄天理線 (45分／510円)	近鉄吉野線 (4分／200円)		近鉄吉野線 (50分／560円)
吉野 吉野駅	近鉄吉野線→橿原神宮前駅→近鉄橿原線→大和西大寺駅→近鉄奈良線 (2時間10分／1030円)	近鉄吉野線→橿原神宮前駅→近鉄橿原線 (1時間30分／940円)	近鉄吉野線→橿原神宮前駅→近鉄橿原線→筒井駅→筒井駅バス停→奈良交通バス (2時間／1170円)	近鉄吉野線→橿原神宮前駅→近鉄橿原線→平端駅→近鉄天理線 (1時間30分／860円)	近鉄吉野線 (55分／560円)	近鉄吉野線 (50分／560円)	

※情報は2023年10月現在のものです。おでかけ前にWebサイトなどでご確認ください　※料金・所要時間は有料特急を利用しない場合の目安です。
※早見表のアクセス方法は一例です。最短・最安のルートでない場合もあります。

奈良近郊 鉄道・バス路線図

JR線
近鉄線
ロープウェイ・ケーブル
鉄道駅
1 市内循環(内回り)
2 市内循環(外回り)
6 中循環線
奈良・西の京・斑鳩回遊ライン
明日香周遊バス(赤かめ)
奈良交通バス路線
おもなバス停
矢印方向のバスのみ停車
丹波橋・京都
京橋・尼崎
宇治・京都
JR片町線(学研都市線)
JR関西本線(大和路線)
JR関西本線
亀山・松阪・名古屋
加茂
木津
平城山
平城山駅
平城山駅東口
高の原
高の原駅
平城
近鉄京都線
学研北生駒
学研奈良登美ヶ丘
白庭台
近鉄けいはんな線
東生駒
富雄
学園前
菖蒲池
生駒
近鉄奈良線
本町・大阪港・コスモスクエア
大阪難波・尼崎・神戸三宮
鳥居前
宝山寺
梅屋敷
霞ヶ丘
生駒山上
近鉄生駒ケーブル
菜畑
一分
南生駒
萩の台
東山
元山上口
平群
近鉄生駒線
生駒山
大和西大寺
西大寺
秋篠寺
平城宮跡
近鉄奈良線
新大宮
近鉄奈良
奈良
JR奈良駅(東口)
JR奈良駅(西口)
近鉄奈良駅
興福寺
ならまち
東大寺
奈良公園
若草山
春日大社
柳生
梅の郷月ヶ瀬温泉
石打
広岡
近鉄橿原線
尼ヶ辻
西ノ京
九条
唐招提寺
薬師寺
郡山城
近鉄郡山
郡山
京終
帯解
JR桜井線(万葉まほろば線)
JR関西本線(大和路線)
梅美台西
梅谷口
奈保山御陵
奈保町
法蓮佐保山3
市営球場
鴻ノ池
法蓮仲町
佐保橋
内侍原町
青山住宅
奈良阪
奈良阪南口
般若寺
東之阪町
今在家
手貫町
今小路
押上町
県庁前
県庁東
川上町
川上町東
飯守町
緑ヶ丘浄水場
長尾町
東大寺大仏殿・国立博物館
氷室神社・国立博物館
東大寺大仏殿
東大寺大仏殿・春日大社前
奈良春日野国際フォーラム甍前
春日大社本殿
春日大社表参道
破石町
高畑町
幸町
紀寺町
田中町
北京終町
綿町
八軒町
瓦町
大森町
三条川崎町
本子守町
奈良ホテル
南袋町
福智院町
西木辻
高畑住宅
白毫寺
奈良春日病院
北野
萩ヶ丘町
南方町
護国神社
藤原台
藤原町
古市
圓照寺
山村町
横井
下山
窪之庄
窪之庄南
大安寺
南京終町
北神殿
永井町
北の庄
上三橋
シャープ前
美濃庄
大宮町1
大宮町5
新大宮駅
奈良市庁前
宮跡庭園・ミ・ナーラ前
二条大路南1
二条大路南2
朱雀門ひろば前
二条大路南5
白藤学園
三条添川町
南添川
三条大宮町
北添川
三笠中学校・NHK前
三条大路1
三条大路2
三条大路4
三条大路5
恋の窪町
恋の窪町南口
大安寺西口
大安寺西2
奈良県済生会病院
四条大路2
唐招提寺東口
薬師寺東口
柏木町南
西の京病院
七条町
奈良口
山本町
小川町
やまと郡山城ホール
郡山市役所
近鉄郡山駅
薬師寺駐車場
都跡小学校
唐招提寺
薬師寺
西ノ京駅
尼ヶ辻駅
宝来
宝来東口
藤ノ木台1
藤ノ木台2
東坂
赤膚山
五条山新町
奥柳
六条柳町
六条西町
六条山
奈良県総合医療センター
矢田寺前
横山口
市営グランド前
泉原町
矢田筋
大職冠
郡山大理教
片桐田中町
慈光院
奈良国際ゴルフ場前
学園前駅(南)
あやめ池駅
阪奈菅原
大和西大寺駅南口
大和西大寺駅
西大寺
秋篠三和町
秋篠寺
押熊
平城中山
朱雀2
朱雀6
平城宮跡遺構展示館
佐紀町大極殿
二条町
大和西大寺駅
航空自衛隊
北法華寺町
法華寺北町
一条高校前
不退寺口
教育大附属中学校
法蓮町
佐保小学校
育英学園
佐保台3
平城大橋
油阪船橋商店街
浄瑠璃寺口
浄瑠璃寺
下梅谷
脇田
京内橋
加茂駅(東口)
12 13 14 23 27 28 30 31 34 36 41 48 50 51 53 56 57 58 62 63 64 65 67 68 69 72 74 75 77 78 79 81 82 87 90 92 94 95 97 98 100 102 105 106 109 115 117 118 122 123 124 130 135 136 160 161 209

天理
平端
王寺
法隆寺
大和小泉
筒井
大和八木
八木西口
桜井
高田
橿原神宮前
吉野口
天理市庁前
三昧田
大和神社
中山
上長岡
柳本
渋谷
相撲神社口
巻の内
箸中
桜井市庁前
桜井駅北口
三輪
三輪明神大神神社二の鳥居前
大神神社
長谷寺
大和朝倉
榛原
室生口大野
伊勢市・賢島・名古屋
榛原駅
室生口大野駅
大野寺
三社ノ森
室生寺
室生龍穴神社
室生寺
菟田野
東吉野村役場
大宇陀
野依
宇陀が辻
外山
薬師町
河西能登町
聖林寺
倉橋
下居
百市
不動滝
多武峯
談山神社
石舞台古墳
高松塚古墳
吉野山
吉野山ロープウェイ
吉野大峯ケーブルバス
吉野山駅
金峯山寺前
勝手神社前
如意輪寺口
竹林院前
奥千本口
大台ケ原
千本口
吉野
吉野神宮
大和上市
六田
越部
下市口
下市口駅
洞川温泉
大阿太
福神
薬水
北宇智
五條
五條バスセンター
五条駅
大和二見
橋本・和歌山
十津川温泉・新宮駅
大淀バスセンター
壺阪山
壺阪山駅
壺阪寺口
壺阪寺前
飛鳥
飛鳥駅
岡寺
岡寺駅
市尾
葛
掖上
玉手
御所
大和新庄
忍海
忍海駅
近鉄御所
近鉄御所駅
近鉄御所線
近鉄新庄
高田市
高田市駅
尺土
磐城
当麻寺
二上神社口
二上山
大阪阿部野橋
近鉄南大阪線
葛城山ロープウェイ
葛城登山口
葛城山上
葛城ロープウェイ前
八木新宮特急バス
JR和歌山線
JR五位堂
近鉄大和高田駅
畝傍御陵前
橿原神宮
橿原神宮西口
坊城
浮孔
金橋
大和八木駅(南口)
橿原市役所前
畝傍
香久山
JR桜井線(万葉まほろば線)
豊浦駐車場
橿原神宮前駅(東口)
和田町西
橿原和田
豊浦
甘樫丘
飛鳥
明日香小山
飛鳥資料館
安倍文殊院
仁王堂
南桜井口駅
明日香奥山・飛鳥資料館西
飛鳥大仏
万葉文化館西口
岡天理教前
岡戒前
岡寺前
島庄
石舞台
下千本駐車場
吉野神宮
赤かめバス
野口
天武・持統陵
高松塚
健康福祉センター
岡橋本
川原
(赤かめバスのみ停車)檜前
近鉄大阪線
耳成
大福
新ノ口
笠縫
田原本
西田原本
石見
結崎
ファミリー公園前
近鉄橿原線
二階堂
前栽
近鉄天理線
長柄
柳本
巻向
櫟本
近鉄田原本線
黒田
但馬
箸尾
池部
佐味田川
大輪田
新王寺
近鉄大阪線
真菅
松塚
大和高田
築山
五位堂
香芝
近鉄下田
二上
関屋
鶴橋・大阪上本町
畠田
志都美
三郷
JR関西本線(大和路線)
天王寺・JR難波
信貴山下
勢野北口
竜田川
近鉄生駒線
王寺駅(北)
竜田神社
法隆寺参道
法隆寺前
中宮寺前
中宮寺東口
法起寺前
小泉出屋敷
松尾寺口
片桐西小学校
法起寺口
法隆寺駅
小泉口
椎木
今国府
パナソニック
筒井駅
番条
横田町西口
国道横田
井戸野町・DMG森精機前
番匠田中
白土町
国道櫟本
天理北中学校
別所
天理北大路
天理駅

奈良交通バス フリー乗車券

以下の3種類があり、各色の範囲内の奈良交通バスが乗り降り自由。
JR奈良案内所、近鉄奈良案内所など、奈良交通の主要案内所で購入できる

- 奈良公園・西の京世界遺産 1-Day Pass（500円／有効期間1日間）
- 奈良公園・西の京・法隆寺 世界遺産1-Day Pass Wide（1000円／有効期間1日間）
- 奈良・大和路 2-Day Pass（1500円／有効期間2日間）

※バス路線・バス停は大きく省略しています。
※吉野山ロープウェイは観桜期・紅葉期を除き金～月曜のみの運行。冬期休業あり

奈良近郊 鉄道・バス路線図

INDEX

遊ぶ・歩く・観る

食べる

買う

泊まる

STAFF

編集制作 Editors
(株)K&Bパブリッシャーズ

取材・執筆 Writers
嶋嵜圭子　内藤恭子　古都真由美
本田泉　加藤由佳子　内野究　坪倉希実子

撮影 Photographers
谷口哲　渡部写真事務所
大島拓也　わたなべよしこ

編集協力 Editors
(株)ジェオ

本文・表紙デザイン Cover & Editorial Design
(株)K&Bパブリッシャーズ

表紙写真 Cover Photo
PIXTA

地図制作 Maps
トラベラ・ドットネット(株)
DIG.Factory
遠藤杏子

写真協力 Photographs
飛鳥園　安倍文殊院　斑鳩町教育委員会
入江泰吉記念奈良市写真美術館　江戸三　嘉雲亭
金峯山寺　宮内庁　古都の宿 むさし野
桜井市　四季亭　下市町　松伯美術館
天理大学附属天理参考館　奈良県
奈良県立橿原考古学研究所附属博物館
奈良県立美術館　奈良県立民俗博物館
なら工藝館　奈良国立博物館　奈良市観光協会
奈良の鹿愛護会　奈良文化財研究所 藤原宮跡資料室
奈良ホテル　寧楽美術館　長谷寺　ホテル日航奈良
柳生観光協会　薬師寺　大和文華館
吉野ビジターズビューロー　ラ・テラス
関係各市町村観光課・観光協会　関係諸施設
PIXTA

取材協力 Special Thanks to
鷲巣謙介

総合プロデューサー Total Producer
河村季里

TAC出版担当 Producer
君塚太

TAC出版海外版権担当 Copyright Export
野崎博和

エグゼクティヴ・プロデューサー
Executive Producer
猪野樹

おとな旅(たび) プレミアム
奈良(なら) 大和路(やまとじ)　第4版

2024年1月6日　初版　第1刷発行

著　　者　TAC出版編集部(しゅっぱんへんしゅうぶ)
発 行 者　多　田　敏　男
発 行 所　TAC株式会社　出版事業部
　　　　　　（TAC出版）
〒101-8383 東京都千代田区神田三崎町3-2-18
電話　03(5276)9492(営業)
FAX　03(5276)9674
https://shuppan.tac-school.co.jp
印　　刷　株式会社　光邦
製　　本　東京美術紙工協業組合

ISBN978-4-300-10980-9
N.D.C.291

本書に掲載した地図の作成に当たっては，国土地理院発行の数値地図（国土基本情報）電子国土基本図（地図情報），数値地図（国土基本情報）電子国土基本図（地名情報）及び数値地図（国土基本情報20万）を調整しました。